干部教育培训教学方法创新与实践

主　编　毕艳红
副主编　刘　娟　李　凤

人民交通出版社股份有限公司
北　京

内 容 提 要

本书聚焦干部教育培训教学方法创新,重点阐述了讲授式、研讨式、案例式、体验式、模拟式、研究式六种教学方法的基本特点及组织流程。附录部分收录了交通突发事件媒体发布会、出租汽车改革行政决策会和交通热点事件访谈等创新教学方法的实践案例。本书可供干部教育培训机构和干部教育培训工作者学习参考。

图书在版编目(CIP)数据

干部教育培训教学方法创新与实践/毕艳红主编. —北京:人民交通出版社股份有限公司,2023.7

ISBN 978-7-114-18752-0

Ⅰ. ①干… Ⅱ. ①毕… Ⅲ. ①干部教育—教学法—研究—中国 ②干部培训—教学法—研究—中国 Ⅳ. ①D630.3

中国国家版本馆 CIP 数据核字(2023)第 078893 号

书　　名: 干部教育培训教学方法创新与实践
著 作 者: 毕艳红
责任编辑: 杨丽改
责任校对: 孙国靖　宋佳时
责任印制: 刘高彤
出版发行: 人民交通出版社股份有限公司
地　　址: (100011)北京市朝阳区安定门外外馆斜街 3 号
网　　址: http://www.ccpcl.com.cn
销售电话: (010)59757973
总 经 销: 人民交通出版社股份有限公司发行部
经　　销: 各地新华书店
印　　刷: 北京虎彩文化传播有限公司
开　　本: 880×1230　1/32
印　　张: 3.25
字　　数: 63 千
版　　次: 2023 年 7 月　第 1 版
印　　次: 2023 年 7 月　第 1 次印刷
书　　号: ISBN 978-7-114-18752-0
定　　价: 40.00 元

前　言

干部教育培训是加强干部队伍建设的先导性、基础性和战略性工程，是建设专业化、高水平、高素质干部队伍的有效途径。党的十九大以来，交通运输事业发展进入"交通强国"建设快车道，新时代新征程新任务，对交通运输行业干部队伍建设提出了新的更高要求，干部教育培训工作必须走"提质增效"的内涵式发展之路。党的二十大报告明确指出，"全面建设社会主义现代化国家，必须有一支政治过硬、适应新时代要求、具备领导现代化建设能力的干部队伍"。

"创新是第一动力"，创新教学方法是摆在培训机构和培训者面前的永恒课题。2015 年《干部教育培训工作条例》明确提出："干部教育培训应当根据内容要求和干部特点，综合运用讲授式、研讨式、案例式、模拟式、体验式等教学方法，实现教学相长、学学相长。引导和支持干部教育培训方式方法创新。"教学方法创新是党的十八大以来干部教育培训工作的一个重要经验，是新时代提升干部教育培训质效、推动干部教育培训高质量发展的必然要求。

本书顺应时代要求，以干部教育培训教学方法为研究对象，重点介绍了讲授式、研讨式、案例式、模拟式、体验式、研究式等教学方法的基本概念、特点及组织流程，以此为开拓干部教育培训创新思路提供一些帮助。此外，本书中还收录了一些创新教学方法的案例，案例融合了案例式、模拟式、体验式等多种教学方法，具有鲜明的行业特点，是教学方式创新在交通运输行业干部教育培训工作中的一次“裂变”，希望通过本书的“开源”，能为干部教育培训工作者提供更多参考。

本书第一章、第二章、第四至第六章由毕艳红编写，第三章由李凤编写，第七章由刘娟编写。

由于作者水平有限，疏漏或不妥之处在所难免，敬请同行和广大读者指教。

编　者

2022 年 11 月

目　录

第一章　教学方法概述

教学方法是为达到既定的教学目标，将教育培训内容内化为干部的素质能力而运用的方式和手段，常见的教学方法有讲授式、研讨式、案例式、模拟式、体验式、研究式等。教学方法是实现理论联系实际的重要抓手，是增强培训效果的重要环节，是激发学员学习主动性的重要手段，选择合适的教学方法对提高培训质量起着至关重要的作用。

第一节　教学方法的概念与主要类型

一、教学方法的概念

在干部教育培训中，我们一方面要给学员提供大量的前沿知识信息，使他们视野开阔，掌握全局，同时掌握各种所必需的专门知识，完成知识更新。另一方面，还要通过有效的教学方法推动学员完成从知识向能力的转化过程，形成正确的思想。教学方法是为达到既定的教学目标、遵循教育培训规律，将教育培训内容内化为干部的素质能力而运用的方式和手段，是教师和学员为完成一定的教学任务，按照一定的要求采取的教与学相互作用的活动方式的总称。教学方法是培训教学整体结构中的重要组成部分，是教学的基本要素之一。干部教育培训通过具体的教学方法来实施，它直接关系着教学工作的成效和质量，适合的教学方法能够推动干部教育培训工作更加扎实有效地进行。

二、教学方法的主要类型

教学方法除了以讲授式为主的传统教学方法之外，还有研讨式、案例式、模拟式、体验式、研究式等创新性教学方法。创新性教学方法，是提倡以能力训练为核心的、培养受训者创新思考等能力的教学方法，强调在培训中以学员为主体、以教师为主导。

1. 研讨式教学

研讨式教学是围绕某一教学主题，以提升学员理论联系实际能力、产生创造性思维或形成共识为目标，采用研讨交流形式的互动式教学。与传统教学相比，研讨式教学实现了学员由被动接受式学习向主动探究式学习的转变，实现了学员主体地位和教师主导作用的统一。

2. 案例式教学

案例式教学是指把实际工作中的真实事例加以典型化处理，通过学员的独立研究和相互讨论，来提高学员分析和解决问题能力的一种教学方法。案例式教学要求学员运用已学的知识解决案例中的实际问题。

3. 模拟式教学

模拟式教学是指在教师指导下，学员模拟扮演某一角色或在老师创设的一种背景中，把现实中的情境微缩到模拟课堂，并运用专用的教学器具进行模拟的一种非传统模式的教学方法。

4. 体验式教学

体验式教学是指在教学过程中为了达到既定的教学目的，根据学员的认知特点和规律，从教学需要出发，引入、创造或创设与教学内容相适应的具体场景或氛围，以引起学员的情感体验，帮助学员迅速而正确地理解教学内容，使学员在亲身体验的过程中理解并建构知识、发展能力、产生情感、生成意义的教学观和教学方法。

5. 研究式教学

研究式教学是指把研究问题贯穿于教学全过程，以学员自主研究问题为主，通过教学双方互动实现过程控制的教学方式，目的在于提高学员的自主学习能力、实践能力和创新能力。

第二节　教学方法在干部教育培训中的作用

在干部教育培训的目标、内容确定以后，能否恰当地选用教学方法，就成为能否实现预期目标的决定性因素之一。可以说教学方法是实现培训目标和提升培训效果的重要途径，对提高培训质量起着至关重要的作用。

一、教学方法是实现理论联系实际的重要抓手

理论联系实际是我们党一贯倡导的干部教育培训学风，

是干部培训必须坚持的基本原则和追求的目标。《干部教育培训工作条例》(以下简称《条例》)提出的干部教育培训工作的重要原则就是要联系实际,学以致用。《条例》要求干部教育培训要大力弘扬马克思主义学风,围绕中心工作,以问题为导向开展教育培训,引导干部在改造主观世界的同时,运用所学理论和知识指导实践、推动工作。

教学方法的运用是理论与实践相结合学风的内在要求,在干部教育培训实践中,知识和信息的获得不可能自动转化为工作能力,而是需要从教学方法入手,选择学用结合的方式,精心设计,巧妙实施,促进教师理论联系实际地教和学员理论联系实际地学,帮助学员在培训中完成从理论学习到实际应用的转化,这种转化不是在讲理论的时候,举一些实际的事例,对理论予以佐证,而要真正从能力建设的思想出发,通过运用特定的教学方法,提高他们的能力,这是干部教育培训教学方法创新的关键。

二、教学方法是教育培训体系的重要因素

在教育培训体系结构中,不同的培训目标和内容需要采用相应的教学方法来实现,教学目的是解决问题,教学方法就是解决问题的工具。教学内容解决教什么的问题,教学方法解决如何教的问题;教学内容是决定干部教育培训质量的前提,教学方法则是确保培训质量的保障。可以说培训目标和内容确定之后,教学方法就是决定性因素,干部教育培训中出现的针对性、实效性不强等问题,多与具体的教学方法有关。

三、教学方法是增强培训效果的重要环节

在影响培训效果与质量的诸多因素中，虽然教学方法只是其中一个环节，却占有非常重要的地位，教学方法的改进和完善，是最直接、最具体和最容易推进的。教学方法可以准确、生动、有效地使学员获得知识信息，得到能力训练，以轻松活泼的氛围，增强教学的吸引力、感染力。事实上，培训要取得成效，往往取决于教学互动的质量，取决于集体学习、探讨过程的质量。比如，理论讲授与答疑互动、研讨结合起来能够加深学员对知识的理解；案例教学可以培养学员的创新能力、思维能力及解决实际问题的能力；研究式教学，可以帮助学员通过课题研究的形式，加强理论学习，在有限的时间里深化对重要理论问题的认识；利用丰富的革命历史资源和现代发展成就开展体验式教学，能够使学员的心灵受到震撼，思想得到升华；模拟召开新闻发布会、电视专栏访谈等情景开展情景模拟式教学培训，现场感很强，更易增强学员的参与积极性。

四、教学方法是激发学员学习主动性的重要手段

设计运用科学、合理、多样的教学方法，可以激发学员学习的主动性，调动学员交流的积极性，突出教学的双边性，是促进教师与学员互相深入探讨交流和启发的重要手段。

在干部教育培训中，学员的学习习惯差异很大，学习态度也大有不同，参与学习交流的主动性有明显的差别。有的学员只喜欢听讲，对交流则态度内敛，更有相当一部分学员只提

困难问题，懒于思考和交换意见，缺乏建设性建议，没有创新思维，甚至缺少一种责任感，使交流变成了诉苦会、牢骚会，这是干部教育培训经常面对的问题。要改变以上缺乏交流或者交流不够投入和深入的问题，就需要在教学方法上动脑筋。实践证明，合适的教学方法能够倒逼学员学、思、研，激发学员严肃认真地对待主题，提高学习意识，主动思考和研究问题，训练其解决实际问题的能力，启发其工作思路，促进其主动作为。无论是研讨式教学或者案例教学还是情景模拟，把每位学员都设计成为主角，让他们参与分析问题并给出自己的观点，甚至在情景中进行角色扮演，登台亮相，这些手段会刺激他们认真准备，深度交流，提出更具建设性的对策。新型教学方法不仅能够增强对学员的吸引力，还使其拥有满满的成就感。据调研统计，现在的领导干部最喜欢的教学方法分别是：研讨式、案例式和情景模拟式教学。好的教学方法，不仅能够生动有效地传授理论和知识，还能够极大地调动被教育者的学习积极性，从而达到培训的质量要求。

五、教学方法是促进师资培养的重要途径

目前，领导干部的学历层次和综合素质普遍较高，特别是在实践中经验丰富，具有很强的抽象概括、判断推理和综合分析能力。而培训机构的专职教师则有可能未必是闻道在先者，他们的知识未必比学员渊博，经验也未必比学员丰富。教师虽然具备较好的理论基础，但不可避免也存在掌握一线情况少的问题，他们最大的能力短板往往是对鲜活的实践活动缺乏足够的了解。相比于传统的教师，他们面临更大的压力

和挑战。面对这种现实瓶颈,其有效的解决办法就是运用教学方法转变教师角色,突出教师作为培训师的身份,让教师在开展专题授课的同时,参与教学方法的设计和组织,做好催化师的角色,发挥主导作用,在学员这些主角的经验分享、难题分析和思想交锋中,认识实践,了解需求。

在组织学员开展相关教学活动时,教师作为教学活动的设计者、教学资料的提供者、教学活动的组织者、教学过程的推动和参与者,要做好相应的理论准备和材料准备,他们要具备很好的课堂组织技巧,调动学员专注地参与活动,帮助学员发现矛盾观点,成为相关意见的参与者,激励学员思考,及时总结并引导学员,启发学员挖掘思考和研究深度,成为一个教学顾问。这些循序渐进的过程对于提高教师专题授课的针对性、实效性和教研水平大有裨益。特别是年轻教师,在未登上讲台开始专题授课之前,可以通过开展研讨模拟案例等教学方法提高专业水平,增强组织能力,进而提升个人综合素质。

第三节　干部教育培训中的教学方法创新

一、教学方法创新的必要性

1.教学方法创新是贯彻落实中央干部教育培训的要求

改进教学方法,提高培训实效,是干部教育培训的优良传统和宝贵经验,教学方法的运用和不断创新,是党中央和国家对干部教育培训的一贯要求。早在延安时期，在党的第一次大的学习和教育活动兴起时，我们党就强调要实事求是，理论联系实际，用适当的方式教育干部。新时期，党中央从干部教育培训作为建设高素质干部队伍的先导性、基础性、战略性工程等战略视角对干部教育培训工作提出了更高的目标和要求，并在《干部教育培训条例》和《2018—2022 年全国干部教育培训规划》中专门对教学方法创新予以明确。

与时俱进，改革创新是《条例》的重要原则之一，《条例》第三十条明确要求干部教育培训应当根据内容要求和干部特点，综合运用讲授式、研讨式、案例式、模拟式、体验式等教学方法，实现教学相长、学学相长。引导和支持干部教育培训方式方法创新。《2018—2022 年全国干部教育培训规划》也提出要根据培训内容要求和干部特点，改进方式方法，开展研讨式、案例式、模拟式、体验式等方法运用的示范培训，探索运用访谈教学、论坛教学、行动学习、翻转课堂等方法。《2019—2023 年全国党员教育培训工作规划》也提到要丰富教学方式，灵活运用讲授式、研讨式、模拟式、互动式、观摩式、体验式等教学方法，增强教育培训的吸引力、感染力。加强案例培训，选好用好各条战线、各个领域、各个行业的生动鲜活案例。

为贯彻落实党中央关于干部教育培训的新要求，进一步推动干部教育培训的科学化、规范化、制度化，必须重视教育培训教学方法的创新，在满足不同层次不同类别干部的个性化、多元化培训需求中发挥独特的作用。

2. 教学方法创新是干部教育培训规律的内在要求

干部教育培训不同于普通教育，它具有自己的特殊性，是成人教育和继续教育，有自身的特点和规律。干部教育培训应遵循的基本规律是干什么训什么、缺什么补什么的原则。或者说按需施教是干部教育培训基本规律和基本原则的集中体现。而按需施教这一培训基本规律在当前干部教育培训工作中的重要体现，就是以能力建设为核心，以解决问题为导向。《条例》明确要求干部教育培训要将能力培养贯穿始终，全面提高干部德才素质和履职能力。

能力建设需要实现的手段，需要在培训中设计和创新必要的方式方法予以解决，从培训对象来讲，领导干部都有明确的培训需求和学习风格，注重个体参与，讲究方式方法。“予人以鱼，不如予人以渔”。那么如何“予人以渔”，这对干部教育培训教学方法提出了更高的要求。在培训中，一方面要帮助学员获得知识和信息，完成知识更新，另一方面要完成推动学员从知识向方法和能力转化，通过有效的教学方法，对学员的能力加以训练，推动他们形成正确的思想方法。

3. 传统教学方法难以有效提升干部教育培训的针对性和实效性

目前，干部教育培训所运用的教学方法已基本形成了讲授式教学不断改进，研究式、案例式、模拟式、体验式教学广泛运用的良好局面。但是，这与广大干部的期待相比，还存在一定差距。据中组部某项问卷调查显示，党政机关干部、企业经营管理人员、专业技术人员认为“培训方法缺乏吸引力、感染力”的分别占28.7%、44.6%、40.8%。据另一调研显示，在“从培训机构来讲，影响党政领导干部培训效果的因素有哪些”的选项中，被调研学员选择“不注意教学方式方法创新”的比例最高，达71.6%。

究其原因，一方面传统的教学方法还过多地强调概念、判断、推理、原则的掌握，忽视了个体情感、体验、领悟、想象等心理过程，注重知识的传授，对学员主体性并不非常关注，在客观上不同程度的压抑和阻碍了学员的个性发展，难以有效解答在新形势下工作中遇到的各种鲜活的问题，难以满足干部不断提高领导能力和素质的迫切需求。另一方面主要是对教学方法创新不够重视，对不同教学方法的内在规律把握不够，满足于形式，运用不扎实，研究不深入，综合运用不足，具体的教学方法不够生动，缺乏感染力和吸引力，效果不明显。一些机构和教师对一些新的教学方法不想用、不敢用、不会用，即使勉强用了，也难以达到良好的效果。可见，教学方法达不到效果是影响干部教育培训针对性和实效性的重要原因，干部教育培训亟待教学方法的创新，以解决这些新课题和新矛盾。

二、教学方法创新的几项基本原则

教学方法的选择和运用是做好干部教育培训工作的一项最为基本的工作之一，要紧紧围绕提高干部的素质和能力来谋划教学方法的创新，不能盲目照搬，要符合干部的特点和需求，可谓教无定法，贵在得法，也不可本末倒置，走入追求形式的误区。

1. 目标适用原则

教学方法创新要与教学目标相适应。教学目标是指教学的预期效果或结果，或指教学在学员身上引起的行为方式的变化。教学目标是选择教学方法的基础和前提，发挥导向性和调控性的作用，教学方法则受到特定教学目的和教学内容的制约，教学方法的使用和创新都不能脱离教育培训目标。

结合干部教育培训实践，教学目标可划分为认知培训、信念教育和能力提升三个领域。以认知式培训为主的知识教育培训，传统的讲授式教学方法对于补充干部知识是必须的，也是行之有效的；在以提高能力为核心的现代干部教育培训阶段，讲授式教学是远远不够的，需要选择发挥学员主体能动性的创新性教学方法，比如研究式、案例式、模拟式等教学方法；以增强理想信念为目标的教育培训，体验式教学则更有效果和震撼力。

2. 对象适用原则

教学方法的运用要针对不同的培训对象各有侧重。干部教育培训对象，从高级、中级领导到基层干部，从党政领导到企业家、专业技术人员，还有中青年干部、女性干部、少数民族干部、党外干部等，层次多、类别多，他们的工作性质、人生阅历、知识背景、理论功底、培训需求等都不尽相同，这就要根据他们的特点和需求采用适宜的教学方法。比如，高层次的领导比较适合研究式教学，中层次的干部更适宜情景模拟式教学等。

3. 内容适用原则

教学方法要服从、服务于教学内容的需要。在教学方法创新实践中，应当准确把握每一种教学方法的基本特征，根据培训内容灵活操作、综合运用。对于理论性比较强的内容，要在创新讲授式、研究式等教学方法上下功夫；对于实践性比较强的内容，要在案例式、体验式等教学方法上着力；对于情境性比较强的内容，要突出模拟式等教学方法的优势。同时，要注意各种教学方法的综合运用，以取得最佳培训效果为最终目的。

4. 定位适用原则

不同的培训机构要根据各自的功能定位和资源特点在教学方法创新上发挥各自的优势。有的培训机构主要进行党性教育和革命传统教育，所在地又有丰富的革命历史资源，那么就要求在教学方法创新中发挥这些资源的作用，使之转化为教学优势，增强党史学习教育和革命传统教育的实效；有的培训机构积淀深厚，对马克思主义理论有深入研究，就应选择能够增强马克思主义理论教学实效的教学方法；有的培训机构专业特点鲜明，在能力培养和知识更新上有优势，就要选择提升认知能力的教学方法。不管选择哪种教学方法，都要有利于发挥各自优势，才能创出特色。

三、教学方法的创新

1. 教学方法创新要不断探索有效的形式

有关培训研究表明：受训者的学习效果和采用的学习方

法有密切的联系。受训者采用不同的学习方法，在 3 天内可记忆的内容比例从低到高分别为：听（5%）、读（10%）、听加读（20%）、观摩和示范（30%）、讨论（50%）、做（75%）、交流或者讲述给他人（90%）、立即应用（90%）。由数据可见，记忆内容超过 50% 的情况都是通过交流、实践与应用来实现的，这几种方法对扎实记忆是最有帮助的，在干部培训中对提升培训效果、训练学员能力会大有助益。由此可见，相同的教学内容，以不同的教学方法实施，教育培训效果迥然不同。为此，需要针对不同班次、具有不同工作背景、不同知识结构的学员综合运用多种教学方法，把培训学习与研讨问题结合起来，把课堂教学与社会实践结合起来，把传统教学方法与现代教学手段结合起来，努力实现教学方法多样性、实效性的统一，真正彰显干部教育培训教学方法的生命力。

2. 教学方法创新要实现能本、自主

能本、自主、创新是新时期干部教育培训的理想追求和价值取向。

（1）能本：以人的能力为本，突出能力培养。传统教育培训重在获得知识信息，现代干部培训注重能力训练和提升。知识信息可以通过讲授来获得，而能力则需要通过多种教学方法和教学活动汲取。能力是练出来的，而不是教出来的，要在能力培养的目标下设计和运用合理可行的教学方法。教学方法创新强调能力培训，强调培训直接服务于工作，这要求在能力训练选题来自实际工作中的问题和难题，教学活动的场所应是工作环境的仿真，教学活动的环节模拟实际工作过程，最终使培训的效果体现于工作实绩。

(2)自主:自主学习是一种以学员为主体的自我导向学习,是丰富多样的人格化学习,强调共同参与和协作学习,强调要与他人互相探讨,互相启发。教学方法创新要突出学员自主学习,让学员之间通过合作、协商、对话和思维互动来增进个体对事物的洞察力,促使个体对问题的理解更加丰富和全面。避免"独学而无友,则孤陋寡闻"。

实现自主培训,需要设计和构建引导学员向主角转变的教学方法,使其由被动接受式学习向主动自主式学习转变,促使他们贡献自己的思想和经验,推进学习的深入进行。要通过教学方法创新创造一种问题情景,让学员动起来,成为教学活动的主体,教师作为主导进行教学控制和组织,引导学员朝着预定的方向进行能力训练,积极主动地介入学习过程,开动思维,共享经验,碰撞思想,互相启发,将传统的教授知识过程转变为共同探讨问题的过程。通过教学方法创新促进学员学、思、研,使个人的观点、局部的思路整合为共同的经验和思路,形成新的认识和新的工作方法。

3. 教学方法创新要将思想意识建设融入培训全过程

培训不但要解决会不会干的问题,还要解决想不想干的问题。在培训实践中,限制学习的真正因素往往是学员自身的思维模式。只有调动学员的内在意志,使其具备了内在的认同感,才能有助于学员跨越自我的界限,实现实际有效的学习与交流。因此教学方法创新需要强调以学员为主体的自我反思和自主探索,激发干部参加培训的内在动力和潜能,搭建一个学员自我反思、自主探索的平台,改变其固有的思维方式、行为模式,深化对问题的认识,升华自身的思想,在主动学习思考和思想交流碰撞中,最大限度地增强学习效果,让学习真正地发生。

4. 教学方法创新要实现多种方式的交叉融合

教学方法的运用要交叉融合。教学方法不是一成不变的,可以互相取长补短,以便更大程度满足干部培训的实际需要。在培训实践中要对教学方法综合、灵活运用,形成互为补充的整体合力,围绕一个教学主题,实现多种教学方法的集成创新,把多种教学方法组合起来,发挥每一种教学方法的长处,使它们互为补充,互相配合,达到环环相扣、步步深入的教学效果。要辩证看待与运用教学方法,任何一种教学方法都不是孤立的,你中有我,我中有你。比如,在体验式教学当中,也可以安排研讨环节,让学员在情景体验后,围绕某一主题开展集体讨论,将使学员对教学内容有更深刻的认识;再如案例式教学,每组在分析案例的时候,可以运用研讨式教学方法开展;在模拟式教学中,情境的模拟和角色的扮演,也可以围绕一个案例开展。

第二章　讲授式教学

讲授式教学是干部教育培训的主要教学方法，是指授课教师有计划有目的地组织和控制教学过程，系统地向学员传授理论知识，传播思想观念，发展学员的思维能力。讲授式教学一般表现为专题讲授或专题报告的形式，是应用最广泛和最普遍的一种教学方法。

第一节　讲授式教学的特点

一、基础性

讲授式教学在干部教育培训体系中占有重要地位，是必不可少的最基本教学方法，是其他教学方法的基础。从教的角度来看，任何方法都离不开教师的"讲"，在运用时都必须与"讲"相结合，只有这样，其他各种教学方法才能充分发挥其价值。所以，可以认为，讲授式教学是其他教学方法的工具，是其他各种教学方法有效运用的前提。其他教学方法必须与讲授式教学相结合才能更好地发挥作用。

二、广泛性

讲授式教学不仅内容广泛、丰富，而且培训面大，不受培训规模限制，授课老师容易控制教学进程，使学员在较短时间内学到人们长期积累的丰富知识，是一种比较经济、有效的教学方式。

三、系统性

讲授式教学还具备科学性强、专题性强、系统性强、理论性强、包容量大等特点。对于完成教育培训目标，讲授式教学的优势在于让学员全面学习相关知识和理论的体系，用系统的理论武装学员的头脑。

四、高效性

讲授式教学进度较快，能够使学员在较短时间内获得大量系统的知识，具有组织简捷和高效两大优点，这也是讲授式教学长盛不衰的根本原因。

第二节　讲授式教学的局限性

一、易使受训者产生“假知”

教师运用讲授式教学，把现成的知识教给受训者，往往使受训者产生一种错觉，似乎受训者只要认真听讲就可径直地获得知识。而实际上，受训者对任何知识的真正掌握都是建立在新旧知识的有机结合和自己的独立思考上的。而在讲授式教学过程中，教师把知识讲解得清清楚楚，学员以“听讲”代替“思考”，即使有自己的思维参与，也是被教师架空起来的，因为学员要跟教师同步进行培训活动，导致学员把在独立思考中所必然要碰到和解决的各种必要的疑问、障碍和困难隐蔽起来。其结果是学员听起来好像什么都明白，事后却又说不清，一遇新问题就会手足无措。学员不靠思考获得的知识，不仅对知识本身掌握不牢固，更谈不上举一反三并加以迁移应用，难以促进学员能力的发展。

二、易使受训者产生依赖和期待心理

讲授式教学源于传统教师中心论，教师是知识的象征，一切知识得由教师传授给学员，讲授本质上是一种单向性的思想传递方式，这是课堂讲授最主要的缺点。所以，这种方法在运用过程中也容易使教师产生重教轻学的思想。教师往往只考虑自己怎么讲，怎样讲得全面、细致、深刻、透彻，似乎只有这样，学员才能掌握得越多、越好。长此以往，就会使师生产生心理定式，教师不讲就不放心，总觉得不讲学员就学不到东西，于是产生“注入式”“满堂灌”问题，并愈演愈烈。而学员也不知不觉地形成了依赖心理，一切问题等待教师来讲解，特别是教师讲得越好，这种期待和依赖心理就越强烈。这种期待和依赖心理严重地削弱了学员学习的主动性、独立性和创造性。如果在教学过程中过量地使用课堂讲授，就会助长学员学习的被动性，不利于培养学员发现和解决问题的能力，这也是讲授式教学运用过程中存在的普遍问题。对这种“单放机”式的讲课，教学效果主要取决于教师的教学水平和学员对教师授课效果的反应，学员可行的选择要么是仔细倾听，要么是置之不理或逃避。

第三节　讲授式教学的适用性及优化

一、适用的培训类型

讲授式教学的特点决定了其主要适合于以知识传授和理论介绍、梳理为主要教学目标的培训，有利于受训者系统高效地掌握知识，即让学员在有效时间内掌握大量系统化的知识和理论。同时，由于其受众对象范围广，适用于短期的宣传贯彻新政策、新规定类规模较大的培训。

二、优化与创新

讲授式教学受限于教学形式的单向性等不足，但并不是完全不存在创新的空间，更绝非一无是处，关键是我们要弄清什么时候、什么内容要用讲授式教学，用讲授式教学时该如何去讲，怎样与其他教学方法有机地结合起来。

第一，在理论讲授和知识传授中，教师可以附以生动的案例说明，提升学员的感性认识，加强学员对理论的理解。

第二，在讲授中，教师要注意启发和引导学员思考，可以增加师生的有效互动，教师为学生现场答疑解惑，提升学员培训的效果。

第三，教师以问题为导向，以问题为切入点讲授，做到内容理论联系实际，学以致用。

第四，讲授式教学可与其他教学方法融合，比如讲授加研讨、讲授加案例教学等都已经在培训实践中开始探索,各种教学方法相互融合,并不矛盾。

第五,讲授主体不要仅局限于专家学者,如就某一问题,可以采取专家和实践经验拥有者共同完成的方式,专家讲理论知识,实践者讲实践经验。

第三章　研讨式教学

研讨式教学是在教师的指导下，学员以全班或小组为单位，围绕某个研讨主题，各抒己见，通过讨论或辩论活动，提高学员认识水平和分析、解决问题能力的一种教学方法，在干部教育培训中应用非常广泛。

第一节　研讨式教学的特点

一、培训价值的平台性

成人教育的一个特点就是学员们都是带着工作中的经验和问题来参加培训的，他们不仅希望获得知识，也希望通过培训了解行业发展的最新动态，获得解决工作中遇到的实际问题的经验。而研讨式教学的过程，也是不同观点的互相碰撞，不同意见和看法的相互交流，不同视角和立场相互启发的过程，有利于充分挖掘学员的知识储备，发挥学员的经验优势。通过研讨式教学，培训工作充分发挥了行业交流的平台作用，实现了培训的教学相长、学学相长。

二、学员参与的广泛性

相比于其他教学方式，研讨式教学是除讲授式教学外，最不受培训规模限制的一种教学方式。研讨式教学可以保证全体学员都参与进来，如果参训人数较多，也可以通过先分后总，即先进行分组研讨，然后全班集中听取各小组汇报研讨成果的形式达到全班交流的目的。

三、交流形式的平等性

研讨式教学以学员为主体，以问题为导向，研讨的问题通常没有现成的答案，需要发挥全体学员的积极性，在平等交流中，互相启迪，深化认识。在研讨式教学中，学员必须摒弃工作中的岗位身份，以普通学员的身份平等交流，这也是保障研讨式教学有效性的前提条件。而现实情况中，对少数领导或权威人物学员发表的观点，其他一些学员出于对冲突的畏惧和回避，容易在从众压力下简单附和。因此，教师作为研讨规则的制定者和维护者，其首要任务就是确保所有的参与者地位平等，在宽松的环境中深入交流，避免出现“一言堂”。

四、培训类型的普适性

研讨式教学不受培训类型和培训时长的限制，在政策宣贯类的培训中，可以用于政策制定者和基层执行者之间的沟通交流；在专题工作培训中，可以用于具体问题的研究探讨；在岗位干部的培训中，可以用于经验交流，也可以共同研究岗位热点、难点问题。因此，研讨式教学是除了讲授式教学外，应用最为广泛的一种教学方式。

第二节　研讨式教学的主要组织形式

研讨式教学是干部教育培训中经常使用的方法,既可以用于信息交流,也可以用于问题研究。研讨的形式也有很多种,常见的组织形式有以下几种。

一、传统研讨方式

在教学中,比较常规的研讨形式就是学员围坐一圈,依次轮流发言,各抒己见,这也是比较传统的研讨方式,基本步骤如下:

(1)教师提前通知学员讨论的主题,要求学员准备发言材料,做好发言准备。

(2)主持人(可以是教师,也可以是学员代表)明确研讨目标和要求,规定每个人的发言时间,明确记录人。

(3)每个人轮流发表自己的意见和想法,前面说过的尽量不重复,主持人把控研讨进度。

(4)一轮发言结束后,学员们在倾听他人意见的基础上,如启发出新的观点、意见,可再补充发言。

(5)主持人对讨论情况进行总结。

这种常规研讨方式最简便易操作,但要组织好却也不容易。因为这种研讨方式存在以下一些问题:

一是研讨效率低下。一些学员发言时间过长,不够言简意赅,或观点无新意,重复套话太多。这时,如果主持人碍于面子，不够坚决或不善于控场和引导，就会浪费很多时间。

二是研讨不够深入。研讨时，总有少数人愿意多讲，另一部分人总愿意多听，特别是对学员中少数领导或权威人物发表的观点，其他一些学员出于对冲突的畏惧和回避在从众压力下简单附和，容易出现一言堂的现象，影响讨论深入进行，不能发挥集体智慧。

三是研讨意见分散。学员各说各话，甚至出现“废话多、牢骚多、争执多、无重点、无主见、无新招”等“三多三无”现象，不能达成共识，难以形成小组决议。

二、一事一议法

一事一议是中组部培训中心按照成人学习规律和现代培训方法总结出来的一种个人学习与集体学习相结合的学习方法。主要原理是：通过学员讲述个人的亲身经历或在身边发生的（不是虚构的或道听途说的）具体事例，反思整个事情的处理过程，剖析自己的“活思想”，将零散的、片段的感性认识进行归纳、整理、提升，与其他学员共同分享，深化对事物发展内在规律的认识，以达到改善思维方法和工作方法，提高综合分析和解决问题能力的目的。基本要求包括：

（1）每个人讲述一件近期在工作中发生的、自己亲身经历的、留下深刻印象的事例。

（2）这一事例可以是成功的，也可以是不成功的，或自己感到迷茫的，或至今仍有争论的。鼓励大家讲不成功的，因为不成功的事例更能发人深省，更有学习借鉴的意义。

（3）讲述时要客观、细致、具体、生动，要完整地描述这个事例的来龙去脉，不要空洞，不要直扑结论，不要作简单化处理。

(4)事例讲述完毕后，要整理一下思想，讲几点最重要的体会。

进行这一活动时，各组最好事先确定一个发言顺序，并明确发言时间。要营造一个宽松的环境，便于大家敞开心扉，坦诚交流。每个小组成员都要为他人讲的事例保密。别人讲述时或结束后，可以进行澄清式提问，也可以作简要的正向评论，但不得作负向评论。

三、世界咖啡屋

世界咖啡屋是由管理大师、美国麻省理工学院教授彼得·圣吉首先推出的一种创新型的团队研讨方式。咖啡屋会议讨论是一个创造的过程，通过将大家的思维和智慧集中起来发现问题、思考问题、解决问题的共性过程，是一种适合各种培训、学习组织的创造性极强的教学或会议模式。世界咖啡屋法主要来自其非常富有特性的教学环境。世界咖啡屋的环境要像咖啡屋一样布置，四座的桌子，有桌布、鲜花，一些彩笔，有条件的话可以用蜡烛、轻音乐点缀气氛，配以点心、咖啡、茶等小吃。通过营造情景和氛围，目标是让背景各异、观念不一，甚至素不相识的人能够围坐在一起，进行心无障碍的轻松交流和畅谈，让深藏的思想碰撞出火花，形成集体智慧。世界咖啡屋的具体做法如下：

(1)将学员分成四人一组围坐一桌，围绕一两个问题开始第一轮谈论，大约持续20~45分钟。

(2)每一轮结束的时候,一人仍然留在本桌作为主持人,另外三人流转到其他桌子讨论。

(3)桌子的主持人欢迎到这桌的新参与者并和他们共享此前的会议精华,新参与者叙述他们带来的会议线索。本桌讨论继续进行,并随着新一轮讨论的开始得到加深。

(4)第二轮结束的时候,参与者回到他们原来的桌子或者继续转到其他的桌子开始新一轮的讨论。在后来的几轮讨论中,他们探究新的问题或者深入原来的问题。

(5)三轮或更多轮以后,整个小组集合在一起分享并探究出现的主题、领悟和学习的结果,通过图表或者其他方法将整个小组的共同智慧显示给每个人,这样他们都可以思考这个房间提出的问题。到这里,根据具体情况,主持人决定会议结束,还是开始新一轮的问题探究或质询。

营造世界咖啡屋研讨情景,可以让参与者共同探索议题,发展深层思考,养成思考问题与聆听问题的良好习惯。它可以用来探索主题的意义,可以促进参与者将个人的经验知识外显化,鼓励参与者为议题做贡献,甚至不需要结论。同时,在各桌谈话的过程中,参与者不仅仅是表达自己的看法,更重要的是聆听对方的讲话,然后通过链接重新组合,找到全新的观点或者从来没有发现过的盲点,使参与者可在参与过程中,充分感受到自己的经验与见解被聆听与尊重,也从积极聆听中,反思自己的思维框架,进而形成洞见,这不仅可以提升个体的创新思维能力,也可以使培训取得良好的效果。

四、结构化研讨

1. 基本概念

近年来,各大培训院校借鉴国外经验,在研讨方式上进行了很多创新和探索,其中最受推崇的就是结构化研讨。结构化研讨是指为克服综合性思维的影响,在研讨中采用“结构化”的方法,把人们的思维划分为不同阶段,再逐段查摆问题、分析原因、提出对策建议,并用“建设性”的强制规定保证成员间的平等,促使小组成员积极参与讨论,激发思想,使讨论始终保持正向的研讨方法。

结构化研讨中衍生出一个新颖但是十分重要的角色——催化师。每个人原本都有观点,催化师的作用类似于催化剂,就是通过自己的催化引导,让每个人可以在更短的时间内把自己的观点展现出来,最终更快地实现讨论的目的,而催化师本身并不参与具体问题的讨论或对策的形成。结构化研讨就是在催化师的引导下,大家围绕某个主题,根据解决问题的逻辑思维过程将研讨结构化,在此过程中综合运用头脑风暴、鱼骨图、团体列名和四副眼镜等多种研讨方法,分步骤、多角度开展研讨。

结构化研讨一般分为四个阶段:第一阶段是根据主题民主聚焦确定亟须讨论的分课题;第二阶段是各组在培训催化师引导下围绕分课题进行查摆问题—分析原因—提出对策的三段式研讨;第三阶段是小组代表向全班汇报,其他小组对其观点进行质疑、补充和完善;第四阶段是全体学员继续深化认识、献计献策、形成书面研究报告。

第二阶段是结构化研讨的关键，将研讨分成三段式进行的目的就是要克服学员的综合性思维影响。学员在讨论发言时，习惯于按照现象—原因—对策的逻辑顺序一气呵成，全盘端出，虽逻辑严密、结构合理，但受个人知识、阅历和工作经验等局限，无论是现象、原因还是对策，都不能概括完全。同时，学员在综合性思维的影响下，往往过快、轻易地把问题上升到宏观层面，将其抽象化，在认识问题、分析问题时不够精确，有时甚至对问题来不及深究，在抓大放小中忽略了问题间的细微区别，甚至容易把问题本身和问题形成的原因混为一谈，从而混淆了对问题本身的认识，难以有针对性地提出解决措施。如果学员都按照这种综合性思维方式发言，成员之间缺乏充分沟通交流，集体智慧难以碰撞出火花，导致认识、分析问题不够深入，细节探讨不够精确。结构化研讨则注重运用水平化思维，即在一定时间内，大家先查找问题、穷尽所有问题后再找原因，对原因进行汇总归类后再一起提出对策建议，从而把人们思维的不同阶段划开，让思维慢下来，培养起立体思维。

2. 结构化研讨方法和工具

要充分发挥结构化研讨的功效，还需要借助一些方法和工具来规范参与者的思维和行为，常用的方法是：用头脑风暴法查摆问题，用鱼骨图法分析原因，用团体列名法提出对策，用四副眼镜法集体决策。这些方法可使讨论的每个环节更加聚焦，最大程度上调度组员的“能力储备”和“经验储备”，保证最后讨论结果的有效性。

(1)头脑风暴法。头脑风暴法(Brain Storming)又称脑力激荡法,基本立意是追求讨论结果的数量而非质量,是一种通过集思广益、发挥团体智慧,从各种不同角度找出问题所有原因或构成要素的研讨方法。

头脑风暴法于1941年由美国BBDO广告公司的奥斯本(Dr. Alex F. Osborn)首创,该方法主要由价值工程工作小组人员在融洽和不受任何限制的气氛中以会议形式进行讨论、座谈,打破常规,积极思考,畅所欲言,充分发表看法。在群体决策中,由于群体成员心理相互作用影响,易屈于权威或大多数人意见,形成所谓的"群体思维"。群体思维削弱了群体的批判精神和创造力,损害了决策的质量。为了保证群体决策的创造性,提高决策质量,管理上发展了一系列改善群体决策的方法,头脑风暴法是较为典型的一个。

头脑风暴法的四大原则是严禁批评、自由奔放、多多益善、搭便车。具体包括:

①尽可能使每个人把各种意见讲出来,不管这个意见听起来多么可笑或不切实际。

②有人把每一条意见都记录在白板上,使每个人都能看见,以利于激发出新的意见。

③发言期间不允许批评与质疑,但鼓励搭便车,由他人的意见引出新的意见。

④穷尽所有人所有想法后,若有不明白的,可请发言人进行解释。

参加头脑风暴的人员在7~10人之间为好。头脑风暴法用于描述现象、发现问题时较为实用。

(2)团队列名法。团队列名法是指根据学员的人数,将全班分成若干个小组,每个小组即为一个团队,所谓列名,就是指在一个团队中,每名学员都要围绕讨论的问题提出不同的观点和见解,并由记录员记录在黑板上。团队列名法原本广泛应用于企业,是企业就自己的发展以及产品的生产、销售、服务等广泛征集意见、进行决策的一种方法。团队列名法作为一种教学方法,被移植于领导干部培训课堂中,是指学员针对教学设定的专题,分析原因、寻找对策,其最大的优势在于,它能充分调动每个学员的积极性,激发团队的集体智慧、群策群力,短时间内找到解决问题的对策,实现“众人划桨开大船”。

团体列名法是头脑风暴法的变种,它比头脑风暴法的结构性更强。操作步骤如下:

①小组准备。小组围坐,主持人说明议题,鼓励大家积极思考,贡献思想。

②个人准备。在限定的时间里,小组成员独自把自己的所有意见顺序排列写在纸上,其间不允许讨论。

③个人发言。主持人指定专人负责记录和发言顺序。第一轮发言,限定每人只能讲其意见中的第一条,如自己的意见别人讲过,不再重复,讲自己的下一条。记录者将意见逐条编号顺序记录。如此一轮一轮地进行。如果某一成员没有新意见,则越过,直至全体人的意见都讲出来为止。别人发言时,不允许对提出的意见进行评论。

④小组讨论。小组成员对每一条意见进行讨论,如有不

清楚的可以提问。可请提出意见的人进一步澄清解释，说明含义。

⑤小组决策。所有成员根据自己认为重要的程度从全组列出的意见中选出若干条(例如5条)，并排列打分(例如排列第一的给5分，排列第5的给1分)。把每条意见的全组分数相加，得分最多的前5项即为集体的最终意见或最终决策。

团体列名法的精髓是第三步。使用这一方法可以更好地解决发言机会不均等问题。

(3)四副眼镜法。四副眼镜法是指从不同的视角看问题、分析问题，开展创造性思维，最终得到对问题的完整认识，强调对事物或决策方案正面、反面、宏观、微观四个层面的分析。它是一种思维方法和训练模式，是一种提升集体智慧的有效方法。

第一副眼镜是万花镜：比喻看世界缤纷多彩。戴此眼镜者应对新生事物多鼓励肯定，应以乐观、积极、充满希望的视角，对提出的“对策”讲赞成意见并说明理由。

第二副眼镜是墨镜：比喻看问题冷静和严肃，意味着小心和谨慎。戴此眼镜者应分析决策可能的风险或负面成分，表达反对意见并说明理由。

第三副眼镜是望远镜：比喻视野高远，总揽全局。戴此眼镜者应从全局高度和长远战略眼光思考问题，对决策的科学性提出意见并说明理由。

第四副眼镜是放大镜：比喻视角放大、扩大基础层面。戴此眼镜者应充当基层执行者角色思考问题，讨论对策的真实可操作性，并讲出理由。

在结构化研讨中，经过几个阶段的研讨，小组已充分调动组员智慧形成决策方案，但该方案是否科学完善还需要集体讨论研究。小组向全体汇报后，其他参与者可用“四副眼镜法”对其方案进行质疑、补充和完善。

(4)鱼骨图法。鱼骨图法也是结构化研讨工具之一。鱼骨图又名特性因素图，是由日本管理大师石川馨先生发展出来的，故又名石川图。鱼骨图是一种发现问题“根本原因”的方法，它也可以称之为“因果图”。问题的特性总是受到一些因素的影响，我们通过头脑风暴找出这些因素，并将它们与特性值一起，按相互关联性整理成层次分明、条理清楚，并标出重要因素的图形就叫特性因素图。因其形状如鱼骨，所以又叫鱼骨图。

鱼骨图法是一种透过现象看本质的因果分析法，对于分析问题的原因非常有用。之所以推荐一种分析原因的方法，是因为从普遍意义上讲，中国文化中形象描述的元素较多，逻辑辨析的元素相对较少，一旦进入分析问题的情景之中，主要原因与次要原因、主观原因与客观原因、始动原因与派生原因混在一起，影响最终的分析与判断。

绘制鱼骨图的过程需要团队成员的积极参与，在绘制鱼骨图时，通常采用头脑风暴法，将团队成员的认识和想法全部收集上来，并用鱼骨图将他们展示出来。具体步骤包括：

①简明扼要阐述要解决的问题，将其放在鱼头部位。

②将信息分类综合得出主要原因，置于主骨刺部位。

③采用头脑风暴法，将产生问题的所有可能原因，按其不同的分类填入各个主枝中，根据需要，可在各个主枝中继续分

枝，位于各个分枝上的是其以下层次的原因。

④检查和整理鱼骨图，调整阐述含糊的内容，合并重复的内容等。如某个原因似乎适合一个以上原因类型，可以接受；但如果这种情况多次出现，则可能是分类有误，应重新确定原因类型。

⑤团队成员对可能的原因进行充分讨论，确定少数可能性较高的原因，作为下一步调查和搜集数据的重点。此外，还可以分析所列原因中哪些是客观原因，哪些是主观原因，哪些是目前难以改变的，哪些是经过努力可以改变的，哪些是从自己做起才能改变的，解决问题的突破口在哪里等。

第四章　案例式教学

案例式教学是指选择实际工作中具有实践性和完整性的典型事件,加工处理后形成能够运用到教育培训中的案例,在培训师的组织、启发和引导下,学员围绕案例进行独立的思考、分析,开展集体讨论与研究活动,最终提出解决方案,从而实现特定培训目标的一种现代成人培训方法。案例式教学在各类社会教育活动中得到了广泛的应用,深受欢迎,也是近年来干部教育培训中最普遍、最常用的教学方法之一。

需要阐明的一个理解误区是:案例式教学不同于课堂讲授中的举例说明。案例式教学和举例教学是完全两种不同的教学思想。举例是教师单方面的教学行为,通过用某一些事例来说明某种概念、定义、原理以加深学员对教学内容的理解和印象。而案例式教学是组织学员自我学习、锻炼综合能力的方法。案例式教学的本质在于向学员提供一个现实的、有血有肉的"现场化"特征环境,让学员以"当局者",直接参与活动"现场","实地"考察事件的全过程,独立地发现问题,思考问题,作出判断与抉择。

第一节　案例式教学的特点

案例式教学法除具有互动类教学的趣味性、生动性等共性特点外,还具有以下几个方面的个性特点。

一、以案例为教学载体

案例式教学所使用的案例是将已经发生过的事件经过精心的信息筛选后的典型化呈现,并且应该与所对应的理论知识有直接的联系。案例教学重在对事实的分析研究,以生动的事例为教学内容,以现实问题为研究对象,将抽象的理论知识寓于案例问题的解决之中。学员基于案例信息展开研究和讨论,整个教学过程都必须紧紧围绕特定案例展开,所以好的案例是成功实施案例式教学的重要前提。

二、以双向交流为教学手段

在案例式教学中,教师为主导,学员是主体,教师推进教学的基本形式往往就是交流,教师在课堂上不是“独唱”,而是和大家一起讨论思考。学员在课堂上也不是忙于记笔记,而是共同探讨问题,形成调动集体的智慧和力量,促进双方开阔思路的活跃局面。教师就案例中的信息和事件过程与学员对话,提出问题,再现困境,引导思考,让学员自己寻找残缺和隐含的信息,分析背景因素,最终主动地解决案例提出的难题。学员之间的小组讨论、全班交流是至关重要的两个环节,决定了案例式教学的成败和实际成效。

三、以提升能力为教学目的

案例式教学的重点不在于传授多少理论知识,它是一种启发式的教学。教师在课堂上不是直接授课,而是介绍分析框架或理论工具，提示重要的理念，不是给出正确答案，而是指导学员重点分析事实背后的问题及解决方案，所以案例式教学注重的是培养学员分析实际问题、解决实际问题的能力。在案例式教学中，学员拿到案例后，先要进行消化，然后查阅各种必要的理论知识，这也无形中加深了学员对知识的理解，而且是主动进行的，捕捉这些理论知识后，学员还要经过缜密地思考，提出解决问题的方案，这一步应视为能力的升华。案例式教学浓缩了各科知识和通常需要多年工作实践才能获得的经验，并巧妙地变间接经验为直接经验，让学员在案例中实现“在实践中学”，通过案例研究，最终实现理论和实践相结合，是培养学员知识向能力转化的催化剂。

第二节　案例式教学的要求

一、案例要具有客观真实性

案例式教学要求案例所描述的事件基本上都是客观真实的，不加入编写者的评论和分析，即案例内容具有一定的代表性、普遍性和客观性，具有举一反三、触类旁通的作用，而不是实践中根本不会发生的事件，且典型的案例往往涉及的关系比较全面，涵盖的法律知识较多，有助于学员从各个方面对所学理论加以验证，从中得出正确结论。因此，案例要体现客观真实性，案例的开发除了资料研究，还需要开展实地调研。

二、学员要体现主体性

在案例式教学中,教师应引导学员积极参与、深入案例,体验案例角色,教学过程应能够调动学员学习主动性。传统的教学只告诉学员怎么去做,学员缺少自主的思考和行动,在一定程度上损害了学员的积极性和学习效果。但案例式教学不是直接告知学员如何做,而是要鼓励学员自己去思考和创造,将枯燥乏味的理论知识变得生动活泼,而且案例式教学的环节设计中,还要求每位学员就自己和他人的方案发表见解。通过这种交流,一是学员间可取长补短、促进交流能力的提高;二是起到一种激励的效果。学员一两次技不如人还情有可原,长期落后者,则必有奋发向上、超越他人的内动力,从而积极进取、刻苦学习。

三、过程要呈现动态性

一场活跃有效的案例式教学应具有多向的动态情景。应既存在教师的引导与组织,也存在学员之间围绕案例的共同探讨以及不同小组之间观点与方案的交流。具体体现为老师个体与学员个体的交流,教师个体与学员群体、学员个体与学员个体、学员群体与学员群体的交流,也就是师生互动、生生互动。

四、结论要具有多元性

案例不一定要有结论,案例式教学的答案或结论,往往不是固定唯一的,而应具有多元性,不要刻意去寻找唯一的答案,事实上也不存在绝对正确的答案。对同一案例,学员们虽然了解的是同样的情境和信息,但对同一问题,每个人都会有不同的见解和不同的解决方法,应该由学员去决策和处理,而且不同的办法会产生不同的结果。因此,案例式教学中不存在标准答案,其目的在于启发学员独立自主地去思考、探索,培养学员独立思考能力,启发学员建立一套分析、解决问题的思维方式。假设一眼便可望穿,或只有一好一坏两种结局,这样的案例就不会引起争论,学员会失去兴趣,从这个意义上讲,案例的结果越复杂,越多样性,越有价值。

第三节　案例式教学的保障要素

一、案例的储备

案例式教学最忌“炒冷饭”,案例式教学使用的案例要具有新鲜的时代感,这样的案例能使学员感受到所描述的内容、分析的问题恰恰是自己正关注的热点难点问题,更容易激发起学员研讨的兴趣。所以,建立容量大、质量高、更新机制完善和利用率高的教学案例库是推广案例式教学的基础,教师在准备案例教学时,可随时到库中提取适合教学主题的案例,而不是临时“抱佛脚”,在二手资料的追根溯源中复制腾挪。

高质量的案例开发是案例式教学最重要也最有难度的工作。国家行政学院、浦东干部学院等成功开展案例式教学的干部学院无一不在案例开发上投入了大量的人力、物力和财力。各教研室密切关注相关领域的社会时事热点,及时派出调研小组亲临现场,深入走访,掌握第一手的资料,编撰的教学案例能很好地再现现场细节,深化情景的真实性和复杂性。

二、师资的储备

案例式教学对教师的专业素养、教学能力有较高的要求。教师的地位、作用和讲授教学不尽相同,教师由单纯的知识传播者,转变为指导学员动脑、动手、动口,充分调动学员参与讨论,驾驭案例分析过程,把讨论引向深入的教学引导者。在案例式教学中,教师的角色定位更类似于"导演",要完成的主要任务有四项:一是选剧本,即选择符合要求的好案例;二是导氛围,鼓励学员积极讨论,营造兴趣盎然的气氛,及时化解讨论中出现的跑题或冷场现象,并使用白板记录发言内容等辅助手段,确保讨论井然有序;三是导节奏,掌握时间和研讨进度,教师要注意运用各种方式有效地控制时间和讨论的节奏,要根据讨论问题的重要性来分配时间;四是导思路,适时提出切中要害的关键性问题,引导学员调整自己的视角,通过提问、总结以及鼓励同学对发言的学员给予支持等方式,协助学员厘清思路,使学员的观点更能站得住脚。

可以看出,组织面向具有一定分析判断能力和丰富工作阅历的领导干部的案例式教学,对教师的专业素养、教学水平、控场能力、总结提炼能力都有非常高的要求。可以说,教师水平的高低将影响学员对教学过程的直观感受，教师恰如其分的引导、切中要害的提问、画龙点睛的点评会让学员有醍醐灌顶的豁然开朗之感，对比反思之下，学员们更容易找出自身思考研究过程中存在的偏差和遗漏。配备优秀的教师是成功开展案例式教学必不可少的关键一环。推广案例式教学必须高度重视教师的培养和储备，其培养的难度更甚于讲授式教学教师的培养，必须给予足够的课堂历练。

第四节　案例式教学的组织

一、案例的编选

1. 案例编选的要求

案例是一个富有深刻道理的实际故事，这个故事有背景、有冲突、有问题、有活动形式和结果，是师生围绕一个主要问题或主要任务，经过曲折多样的教学过程而取得显著效果及经验教训的一种发人深思的教学实例。教学案例应满足以下要求。

(1)编选的案例要具有典型性，必须是包括特殊和典型事件或问题的故事，必须能服务于一定的教学目标和覆盖一定的教学内容。

(2)编选的案例要具有真实性，必须是真实发生的事件，是取之于现实生活的第一手材料，最好是学员所在单位或行业的热点难点问题,以贴近学员的工作实际。

(3)编选的案例要具有疑难性,案例应是含有问题或疑难情境在内的事件,案例编写要通过对事实、任务及贯穿其中的情感的详细描述,展示实际生活的复杂性。

(4)编选的案例要具有多维性,案例必须多角度地呈现问题,提供足够的信息,把基本概念、基本理论、分析方法和决策技巧与完整的事件结合起来。

(5)编选的案例要具有启发性,案例必须经过研究,创设出一个有利于学员进行探究发现的、具有可交流价值的、能够引起讨论并可提供分析和反思的教学情境。

2. 案例的结构

(1)标题。教学案例标题要反映事件的主题或形貌。一般地说,教学案例有两种确定标题的方式:一是用案例中的突出事件作为标题;二是把事件中包含的主题析离出来,作为教学案例的标题。两种标题的方式都各有千秋,前者展示事件,吸引读者进一步了解相关的信息,后者反映主题,能使读者把握事件要说明的是什么。

(2)引言。引言即是开场白,一般有一两段话即可。主要描写事件的大致场景,隐晦地反映事件可能涉及的主题。引言可以使读者对教学案例的事件和主题大致有些了解,可以起一个“先行组织者”的作用,使读者有一种阅读上的“心理准备”。

(3)背景。所谓背景,即是向读者交代清楚“故事”发生的时间、地点、人物、事情的起因等。背景介绍也不必面面俱到,重要的是说明"故事"的发生是否有什么特别的原因和条件。教学案例中的事件发生在一定的时空框架之中,依托一定的背景。对背景的交代之所以重要,是因为对教学案例中问题解决方法的分析、评判离不开背景。

(4)问题。教学案例区别于一般事例的最大特点就在于有明确的问题意识,是围绕问题展开的。有针对性地选择最能反映主题的特定内容,把关键性的细节写清楚。在描述中要讲明问题的发生、发展、结局。这部分内容需要详尽地描述,在一定程度上,这部分内容是整个教学案例的主体。

二、案例式教学的组织过程

1. 个人阅读分析准备

学员的个人阅读分析准备分两种情况:

一类是在课前阅读。教师将案例提前发给学员,推荐参考资料,布置学员思考关键问题。学员经过对案例的阅读分析、对相关资料的调查及独立思考,形成对问题的理性或感性认识,独立撰写案例分析文章。

一类是在课堂上阅读。上课时案例才被发给学员,教师先做案例导入,就案例本身情况做简要介绍,并提醒学员必须注意的重点,然后留出合适的时间供大家学习案例。课堂阅读因为受整场活动时间的限制,留给学员消化和思考的时间不多,难以深入案例中,一般认为课前阅读的效果要好于课堂阅读。

2. 互动交流

互动交流环节可分为两步走:第一步是小组研讨,全班被分成若干个小组,每组人数不宜超过 10 人,小组成员围绕案例集思广益、按照教师的要求完成指定研讨任务。第二步是全班交流,每个小组推选一位学员代表汇报本组的研讨结论。在整场教学活动中,有些问题的研讨是渐进式的,互动环节的两个步骤可根据设问的需要,重复多次。比如,在开展突发事件应急桌面推演时,可以时间为轴线,分阶段讨论应对的关键问题和采取的主要措施。

在互动交流环节,教师要注重正确引导,把学员引导到能够深入研讨的情景中去,调动学员积极参与,主动思考。教师的课堂引导主要是把关键性发言引向深入,对关系到案例主题的矛盾意见引导研讨,对趋于一致的意见进行总结,对明显偏离主题的意见及时纠正。在这个过程中,教师应充分尊重学员的分析意见,把学习的主动权交给学员,允许学员自由交流探讨,积极鼓励学员充分表达自己的意见和看法,同时注意吸取他人的见解,不要随意制止和打断学员的发言。

3. 点评总结

在课堂讨论结束前,教师或学员对整场案例教学进行点评和总结,也可请专家点评、深化,进一步揭示事件的意义和价值。

一般认为,教师或专家画龙点睛式的点评是必不可少的。教师要归纳和梳理学员的不同观点,就讨论过程的难点、重点作必要的总结,重点不是讲标准答案,关键是看讨论的思路是否合理、分析的方法是否恰当、解决问题的途径是否正确,强化以前所讨论的内容,揭示案例中包含的理论,提示后续的教学,给学员以鼓舞,让学员从案例中获得某种经历和感悟,以有利于学员分析和解决问题能力的提高。对于领导干部的培训,学员中不乏具有丰富实践经验和一定理论基础的优秀干部,教师可以根据学员表现,临场邀请学员进行补充点评或者互相评价,也可在研讨前明确要求各小组推选学员代表作最后的总结发言。学员们立足自身工作实际分享的研讨体会和经验,不仅能给学员们不一样的反思和启发,也有利于授课教师从多个角度进一步完善案例式教学。

第五章　体验式教学

体验式教学是指在教学过程中为了达到既定的教学目标，引入、创设与教学内容相适应的具体场景或氛围，教师引导学员在亲身体验和实践中进行有效的学习和用心感悟，以引起学员的情感体验，帮助其迅速而正确地理解教学内容，使学员在亲历的过程中理解并建构知识、发展能力、产生情感、生成有意义的教学观和教学方法。这种教学方式，要求尽可能地减少教师的语言说教，教师更像是一个导演、一个教练，主要职责是设计好教学情境，把全体学员引入教学环境中，把握好教学节奏，让学员通过眼睛看，耳朵听，嘴巴说，动手操作，在亲身体验中得到感受和收获。

第一节　体验式教学的特点

体验式教学源于杜威提出的“从做中学”教育理念，杜威提出教学过程中应该要以学生为中心、以活动为中心、以经验为中心。体验式教学更加注重学生“在做中学”的体验过程，因此需要教师在教学内容、方法、课堂实施等方面都要体现其趣味性、实践性和学生主体性。教师与学生的融合，现实与情境的融合，知识与实践的融合，通过情境互动、教学实践等体验方式,将学习过程与学习结果相结合,提升学员的学习效率。

一、亲历性

体验式教学主张在教学活动中,学员不再是被动的知识接受者,而是要从行为、心理和感情上直接参与到教学活动中,通过自身的体验和亲历来建构知识。体验式教学要求学员发挥学习主体的主动精神,对自己的学习负责任,如果没有这种主动参与,就不可能产生任何体验,更谈不上学习过程的完成。体验式教学不是“坐而受道”,而是“行而体道”的过程,学员亲自进入某种情景,参与其中活动,去体验、感受和行动。

二、情景性

体验式教学是一种情景化的学习,学习过程被置于各种虚拟或真实的情景中,从而使学员从外在的环境和内在的心境两个方面体验自己身处的生活语言空间,对即将产生的无法预料的事情进行思考,作出反应,进行决策,从而在解决问题的过程中获得对知识、生活、问题的深刻体验。

三、反思性

反思是体验式教学的关键。体验式学习理论认为,人的学习是基于体验进行的认识活动,体验之后要进行梳理,梳理之后才会有深刻的反思,反思之后才会在更高的层面达到对事物规律性的认识,进而思考如何把学习所得应用于实践。

但是，体验又是个体的，对个体而言，体验有时稍纵即逝，带有一定情绪性，有时不够清晰。因此，体验之后仍需要通过有组织地反思使之清晰，通过一定的互动交流加深认识使之共享乃至思想升华。体验式教学要引导学员在反思内省中将体验活动与现实联结起来，找出其中蕴藏的价值。体验式教学常常用“为什么”“如何”“是什么”来激励学生反思学习内容的价值、学习方法是否适当、每个阶段的收获以及与过去知识的联系、需要调整的环节等。教师通过组织有效地反思，让学员对自己在学习过程中的感受、体验的内容进行批评、探究和讨论，整理、抽象、概括、提炼和升华，形成学员自己的新观点、新认识和新发现。

四、动态性

体验式教学是沿着“体验—观察反思—形成概念—应用”的循环方式进行的，是一个多项互动、主客体交融的学习过程。在这个过程中，每一步学习都应该为达到较高一级水平的学习提供动力。此外，在体验学习中，学员的许多行动和思考都是发自内心的主动行为。因此，无论是学员和教师都会遇到许多未曾预料到的情况，这使得教学过程不可能像传统的教学那样，而是充满了许多不确定性。

五、差异性

体验式教学的体验是在参与者自身的价值取向、认知结构、已有经历的基础上去感受、理解和构建的，体验式教学的结果总是因人而异，具有差异化和个性化。

第二节　体验式教学的适用性

体验式教学对情感和价值观方面的教育最为有效，特别适宜信念、情感、道德等方面的教育，中国井冈山干部学院重走“朱毛红军挑粮小道”等都属于革命传统体验式教学。以解决问题为核心的能力培训诸如作决策、定方针、解危机的培训也常常运用体验式教学。此外，技能人员的培训更适合采取实训等体验式方式来提升操作水平和动手能力。因其在干部教育培训中的良好教学效果，体验式教学广泛应用于社会各类教育培训。

第三节　体验式教学的常见模式

一、现场教学

1. 现场教学概念及范例

现场教学是以特有的物化历史和现实资源为载体，通过讲授、观看、体验进行的情景式、沉浸式教学。利用特殊的地理和空间条件，创设一定的情景，让学员从中得到体验和感悟。现场教学的特点是情境性强、灵活性强，这种教学方式是课堂教学的延伸，从情景感染、案例强化、实物触动的角度进一步深化和强化了课堂教学。现场教学要避免走马观花，将教学参观化、考察化，从而失去了教学意义。当前，针对干部教育培训，开展体验式现场教学比较有特色、反响较大的院校有中国井冈山干部学院和中国延安干部学院等，中国井冈山干部学院开设的重走“朱毛红军挑粮小道”、自做红军套餐等课程都属于现场教学。两院结合延安、井冈山地区丰富的红色革命教育资源，结合参加培训干部的特点，将革命历史教育通过情境触动与氛围体验融入教育培训整个过程，让学员亲身体会当中所蕴含的实质内容，以及它所表现的思想精髓，睹物思人、触景生情、震撼内心，引起学员的思考和心灵触动，使其得到内在情感的体验和升华，让学员体会党的创业艰辛，感受革命者为了革命事业所经历的艰苦卓绝的斗争，增强学员为事业奋斗的动力和热情，坚定理想信念，潜移默化地让学员主动体验、观察与思考老一辈无产阶级革命家率先垂范的优良作风和当年红军坚定信念、艰苦奋斗的精神。

2. 现场教学的环节

现场教学除了现场参观、讲授，还要有感悟、交流、总结等环节。一方面，通过组织研讨、论坛讲坛，撰写分析材料等形式，总结和交流学习心得，使现场收获和感悟最终转化为提升思想的潜在动力；另一方面要对教学组织设计进行总结，教师要跟踪和反馈现场教学的实际效果，做到现场教学有延续性，有新突破；再者就是要不断建设和完善现场教学，丰富和提升现场教学的作用及思想内涵。

二、社会调查

1. 社会调查的概念

社会调查是指为实现一定的教学目标，有意识地通过对社会问题或现象的考察、了解、分析、研究，把握社会真实情况并提出解决对策建议的一种自觉认识活动。社会调查主要包括以下要素：

(1)明确的调查目的。

(2)具有社会意义的调查对象。

(3)科学的调查方法。

(4)实际的调查效果。

社会调查一是应具有求益的态度，要深入基层一线，深刻了解民生，体验民情，力求解决社会问题；二是应具有求实的态度，尊重客观事实，不“唯上”、不“唯书”；三是应具有求教的态度，眼睛向下，虚心学习与求教。

2. 社会调查的程序

(1)选题阶段。调查主题必须具有某种意义和价值，可以是理论的也可以是现实的，或二者相结合的。可以围绕当前国家政治经济形势和相关的方针政策，围绕社会关心关注的热点难点问题，结合社会调查的要素特征，选定设计一个值得研究的问题。好的选题都需要留心观察，细心感悟，可以用新的研究方法和角度来重做旧的题目，但拒绝“炒冷饭”。如果某种观点已经被定论且取得了共识，且不存在争议，则不推荐再花时间研究。

(2)准备阶段。主要包括事前培训和方案设计。

事前培训，即对调查人员进行必要的培训，对如何联系调查对象，如何解决在调查中遇到的问题和困难等进行详细而有效的指导，使学员熟练掌握和运用相关理论知识和调查方法，为调查活动顺利开展进行铺垫。

方案设计，包括思路、策略、方式方法和具体技术等各个方面。常用的调查方式有普遍调查（对调查对象的每个部分、每个分子毫无遗漏的逐个调查），典型调查（选择一个或若干个具代表性的单位做全面、系统、周密的调查），个案调查（对社会的某个人，某人群，某事件，某单位所做的调查）。常用的调查方法有问卷法（合理设计问卷，采用开放式、封闭式或混合式问卷收集信息），文献法（通过书面材料、统计数据等文献对研究对象进行间接调查），访问法（通过交谈获得资料），观察法（现场观察，凭借感觉的印象搜集数据资料）。

（3）调查阶段。调查阶段是收集资料和调查方案的实施阶段，这个阶段的主要任务是根据之前确定的思路和策略，按照调查设计中所确定的方式、方法和技术进行资料收集和方案实施工作。要利用一切机会发现问题产生和发展的脉络，既要做好口头资料的收集，还要做好文字资料的收集，同时要及时集中、整理调查资料，做到边收集资料边进行资料审核工作，以便随时发现问题，及时进行资料补充调查和修正工作。

（4）研究阶段。调查结束后，进入研究阶段。这一个阶段主要任务是审核、统计、分析和研究，即鉴别整理资料，进行统计分析和开展研究。

将调查阶段搜集到的资料进行仔细审核，剔除无效数据，以保持资料的真实、准确和完整。将鉴别后的资料进行汇总和加工，使之系统化和条理化，并以集中、简明的方式反映调查对象的总体情况。统计分析资料，运用统计学的原理和方法，对所获得的调查资料进行数量关系的研究分析，从中揭示调查对象的发展规模、水平及其与其他事物之间的内在联系。通过统计分析、可以证明或推翻假设,为理论研究提供切实可行的数据资料,以说明调查对象的发展趋势。最后一步,是对资料展开理论研究,对经过鉴别整理后的事实材料和统计分析后的数据,进行科学思维加工,揭示调查对象的内在本质,说明调查对象的前因后果,预测调查对象的发展趋势,作出调查者自身对调查对象的理论说明,并在此基础上有针对性地提出对实际工作的具体建议。

(5)总结阶段。主要包括撰写调查报告和总结评估。

①撰写调查报告。调查报告是一种以文字和图表将调查工作得出的结果系统、集中、规范地反映出来的形式。撰写调查报告是对整个社会调查工作进行全面总结。从调查的目的、方式,到资料的收集、分析方法,再到调查得出的结论、调查成果的质量,都要在调查报告中进行总结和反映。同时,还要将社会调查研究的成果以不同的形式应用到社会实践中去,真正发挥社会调查在认识社会现象、探索社会调查与统计社会规律中的巨大作用。

②总结评估。总结评估是对整个社会调查研究过程的回顾与总结,包括整个社会调查工作的总结和每个参与者的个人总结。我们既要积累成功的经验,又要吸取失败的教训,为今后进行类似的社会调查研究提供必要的经验教训。总结评估主要包括学术成果评估和社会成果评估。学术成果评估,主要是对社会调查所提供的事实和数据资料、理论观点和说明,以及所使用的调查研究方法,作出客观的评价。社会成果评估,主要是对社会调查结论对实际工作的指导作用,作出实

事求是的估计。

三、拓展训练

1. 拓展训练的概念

拓展训练是指专业机构针对团队现状，利用自然环境，采用户外锻炼或室内游戏的方式，设计全方位、立体式、富有思想性、挑战性和趣味性的活动。学员通过观察、听、行动、体验、分享交流和总结，切身地行动、感受、体会、领悟，培养积极进取的人生态度和团队合作精神，达到“磨炼意志、陶冶情操、完善人格、熔炼团队”的目的。拓展训练是体验式的学习过程而并非体育和娱乐，它是对正统教育的一次全面提炼和综合补充。

2. 拓展训练的作用

拓展训练一方面具有发现团队机能障碍的作用。一个卓越的团队，一样有机能隐患存在，在团队中普遍存在缺乏信任、逃避责任、惧怕冲突、缺少投入、无视结果等五项机能障碍。拓展训练的各种项目从个人到团队，不是解决问题而是发现问题，为团队做一个体检，引起团队对问题的重视并进行改善。另一方面，纯粹的知识本身并不能产生力量，知识必须要转化成生产工具或是劳动技能才能发挥其作用，而拓展训练正好发挥了这样的作用。

3. 拓展训练的特点

(1)综合活动性：拓展培训的所有项目都以体能活动为引导，引发出认知活动、情感活动、意志活动和交往活动，有明确的操作过程,要求学员全身心的投入。

(2)集体中的个性:拓展培训实行分组活动,强调集体合作,力图使每一名学员竭尽全力为集体争取荣誉,同时从集体中吸取巨大的力量和信心,在集体中显示个性。

(3)自我教育:教师只是在课前把课程的内容、目的、要求以及必要的安全注意事项向学员讲清楚,活动中一般不进行讲述,也不参与讨论,充分尊重学员的主体地位和主观能动性。

四、实训演练

1. 实训演练的概念

实训演练就是根据真实岗位需要,通过模拟实际工作环境,理论结合实践,采用来自真实工作项目的实际案例,有针对性地开展项目训练,实训演练更强调学员的参与式学习,旨在培养学员的动手技能,提高学员的分析和构建能力,使学员在最短的时间内能够在专业技能、实战经验、工作方法、团队合作等方面得到提高。比如应急演练,就是结合理论知识,学员通过熟悉和演练工作流程,提升学员的操作水平、实战能力和应急处置能力,同时检验应急预案的科学性、可行性,并对失误进行分析反思。需要注意的是,实训课程不应仅限于学员对某项技能的了解,而应该使学员对主要技能达到独立操作和熟练的水平。

2. 实训演练的条件

(1)实训场所。实训教学需要学员走出课堂,增强对理论知识的感性认知和掌握。为此实训演练要努力体现真实的职业环境,在安排、布置实训场所时,应避免采用实验室的框架,使用的装备、工具尽可以能贴近职业真实情况。由于经济、职业形态的多样性,安排上一般可采取少批量、多元组合的方式,努力体现真实的职业环境。

(2)实践师资。普通学校教师大多是采用传统方式授课,按照书本规定讲授课程内容。实训基地的教师应是有多年工作经验的工程师或技术总监,讲课内容应结合实际工作,模拟工作环境授课,让学员经过培训后,有能力直接胜任工作。

(3)技术手段(以计算机仿真为例)。计算机和网络技术的发展为教育培训手段的现代化带来了新的机遇和挑战。为更加贴近真实情景,创新实训项目,提高实训科技含量,在实训演练中已经开始广泛采用计算机仿真。计算机仿真是以音像、图表、动画等可视化形式将抽象的培训知识和复杂的技能设计成高度工具化的计算机软件,通过人机互动进行仿真演练。仿真技术充分将信息化与教学深度融合,通过布设生动活泼的画面,创设仿真体验环境,使学员身临其境感受实战氛围,摆脱枯燥的课堂说教,使课堂教学变得生动形象、易于学员接受,也极大地提高了体验学习的效果,激发学员的学习兴趣,有利于打造沉浸式课堂。

计算机仿真特色鲜明。首先,基于数字化形式的计算机软件教学,可以在互联网或计算机等媒介上开展培训,加大培训的受众面。同时,学员可以自主操作、传输和反馈学习信息,真实体验操作的整个过程和在修改了条件和参数后产生的变化。计算机的交互性极大地增强了代入感,直观易学,有利于调动学员的积极性。此外,计算机仿真技术,可以对现实世界中存在但不能直观感知的对象,人们无法预测或很难预测的现象,代价太大不易进行人工模拟等各类现象进行模拟。比如,水上有毒液体泄漏的处置、汽车维护等,学员在模拟技术的辅助下,可以对这些场景和技能有真实的感受,但不会出现在现实场景中可能会遇到的安全问题。

第四节　体验式教学的开发与实施

一、体验式教学的开发

1. 开发路径的选择

体验式教学的开发路径通常有两种:一种是自上而下的方式,即根据教学主题选择或者设计相应的场景来开展体验式教学。比如应急管理方面的培训,会选择应急实训基地进行演练;媒体应对与公共关系处置类的培训,会布设新闻发布场景开展体验。另一种则是自下而上的路径,即根据现有资源的特色,比如通过利用和开发瑞金、井冈山、延安等革命圣地红色资源,开展党史、理想信念方面的教育。在课程开发的实践中,往往是二者兼有,互相融合,交错开展。比如中国井冈山干部学院重走“朱毛红军挑粮小道”这门体验式教学课程就很好地兼顾了教育教学主题和红色资源本身的特色。

2. 教学目标的有效达成

体验式教学的目标是促进学员建构知识、发展能力、升华情感。学员通过体验活动，在情境中体验职业岗位的工作过程，将所学的专业理论知识、方法和技能学以致用，获得印证，改变理念，提高自身对知识的理解，并转化为实践能力。体验式教学也是一个实践检验理论的过程，通过全过程的教学环节安排，要实现两方面的目标：一方面使学员对理论知识的理解更加全面、掌握更加牢固，形成深刻的认知，加深对某种理念的认知或者受到更深刻的教育；另一方面要使学员有实践能力的提升，在体验过程中各团队成员通过积极思考、深入互动、分享心得等途径形成知识溢出，达到合作学习的目的，将理论及书本知识运用得更加灵活，促进提高学员创新精神和实践能力。

3. 教学主题的确定

教学主题要从教学需求与培训目标出发。教学主题的挖掘既要立足国家政治经济大背景和具体现实，对事实材料进行高度概括和提炼；另外还要融入整个教学体系中，与其他相关教学点的内容，既要有分工，又要注意融会贯通。确定教学主题时，尽可能角度新一点，问题精一点，例证实一点，思路清一点，信息多一点。

4. 教学方案和策略的设计与选择

（1）教学方案的设计：教学方案应包括总体思路、教学目的、基础理论、背景知识、相关案例、思考题目、教学步骤、角色定位、规则要求、注意事项等。方案要具有弹性和灵活性，利于学员积极主动全面参与全过程体验，要安排足够的时间和机会进行分享与反思，设置问题要能够引导学员观察和思考。

(2)教学策略的运用:教学策略是指在教学过程中为了达到一定教学目标而采取的方针和方法。教学策略应指向帮助学员学习体验、观察反思、形成概念和信念。

体验式教学,以实践性问题解决为逻辑起点,以学习体验的生成为重心,以情境学习理论为认识论依据,以实践性思维的训练为直接目标,体验式教学的设计应该运用与之相匹配的教学理论和学习理论作为教学策略。在对学员特征和学习任务分析的基础上对教学资源、教学活动进行合理安排,从而产生体验,激活学员思维,使学员从体验者变成发现者、创造者。以下列举两种教学策略。

启发引导策略。在体验环节中进行设问,创造话题,通过科学有层次的问题,启发学员思维,引导学员进行主动的思维活动,使其自主思考问题的答案,促进其对所学知识融会贯通,加深理解和消化,或者是通过案例引导学员发现问题,形成分析和解决问题的思路,从而营造一种能容纳不同观点和思维方式的良好教学氛围。在环节的设计中要考虑给学员提供充分表达和展示的机会,使学员充分表达其观点和看法,还可以设置一些协作项目,增强学员之间团队实践的意识能力,使学员在协作过程中互相分享、互相启发、促进反思。在体验活动结束后,安排交流研讨活动,促进学员对概念和信念的形成。过程中,还要运用聚焦主题、时间限定等策略注重把控场面。

红色资源教育中的先行组织者策略:对于不太熟悉红色资源所反映的历史知识的学员,为适应学员知识水平和心理特点,可以采取先行组织者策略,即在开展体验活动前给学员提供引导性材料、介绍红色资源的相关背景资料等，为学员的体验提供必要的知识准备和“固着点”。在著名的“朱毛红军挑粮小道”的体验教学中，在挑粮之前教师讲解“朱毛红军挑粮小道”的历史背景等知识就是一种先行组织者的教学策略，为整个教学活动的顺利开展提供了保障。这些教学策略使得学员认识到参加重走“朱毛红军挑粮小道”活动与普通登山活动本质的区别，因此教学效果和学员的体验是卓有成效的。

5. 体验教学的场地或场景

体验教学要选择、开发具有典型性和鲜明特色的教学场地或场景。各类学习场地、场景是影响体验式教学的外部环境。体验教学要围绕主题、目标、对象，充分调动和灵活运用各种教学资源，科学选择或者创设接近实际工作或生活所需要的场景及辅助设备设施，创造全过程亲身体验、亲身实践、合作探究的学习情境，让参与人在事先设定的体验情形中，利用相关辅助手段，按照所规定的方案和程序完成体验任务。选择或者建立的场地或场景可以是现场教学点、实训场地，也可以是模拟场景、仿真实验室。同时，要围绕问题设计场景，使问题场景化，在场景中体验、思考和探究问题，将一维的知识讲稿变为多维的情境。场景要能够引发体验者的想象，激发其兴趣，使其体验更有亲切感、更易理解。场地或者场景的选择还要满足教学资源丰富，现场条件好，感性材料鲜活，联系实际紧密，热门话题多等要求，要多角度开发，根据培训需要实地调研，设计教学路线。在体验教学中还应提供必要的资源和条件，例如图文并茂的介绍、视频音像材料、情感氛围的营造等。

二、组织实施

体验式教学是准备—体验—反思—分享—整合—应用相结合的“立体式”教学，通过小组讨论、角色模仿、团体互动、脑力激荡等方式让学员切身感受、体会、领悟，从而整合知识和提升实战能力。

(1)准备。准备就是提前准备好相关教学材料与设施设备，即知识准备和物质保障。前者如与体验相关的基本理论、案例、背景知识等；后者即场景及相关配套的辅助设施，如中国井冈山干部学院的重走“朱毛红军挑粮小道”活动，在活动之前就必须准备好体验教学的历史背景和环境介绍等教学材料及红军服装、红军米袋、背篓等教具。

(2)体验。体验是整个教学活动的基础，带着相关理论与实践问题借助场景与道具，以观察、行动的方式，在室外的实践场地或室内的模拟场景，按照教学方案逐步实施。比如，救灾应急演练，就是学员按照体验教学方案启动应急预案，围绕主题，根据各自角色分工，依照程序要求开展救援演练。

(3)反思。即学员带着问题开展体验活动，结合所学理论知识和设计的教学问题在体验过程中进行深入的理性思考，反思和验证所学理论及解决问题的思路。只有学员在体验中思考，才能在获得感性经验的同时获得理性认识的提升。学员通过思考将体验活动所获得的认知形成自己的认识，从而加深对理性知识的理解和体会。

(4)分享。体验的感觉是易逝的，所以要设计合适的方式引导学员及时将体验表达出来，强化这种体验，使学员的认识更清楚、更明确，以达到更好的教学效果。因此在体验教学中需要设计分享讨论环节，在体验的实践探索与合作分享过程中形成对知识的理解，体验结束后应围绕教学主题，组织开展集体或者分组分享交流，发表体验和反思后的认识与见解，应首先组内互相探讨，然后组织学员代表与其他组分享本组主要观点。

(5)整合。整合即把体验的感受、思考和交流进行总结，归纳提取出精华，以帮助体验者进一步定义和认清体验得出的成果，丰富认知，巩固对学习内容的认识和理解，修正之前的理解和认知，检验并加强对理论知识的理解和把握，重新构建知识，使原始体验起到增强知识构建、提升认知的作用。

(6)应用。体验是人与环境之间的互动，体验不仅仅是当下，还要将过去和未来结合起来。完整地体验应该考虑策划如何将这些体验成果应用在工作及生活中，帮助体验者不断进步。当然，应用本身也是一种体验，有了新的体验，循环即又重新开始。

三、注意事项

(1)教师要注意自己的角色定位。体验教学中，教师是设计者、组织者、指导者和合作者。教师的作用更多是引导学员，教师应该作为协调者和观察者，让学员自主完成各个环节的目标，不要过多地参与其中，不能把自己的体验强加给学员，更不能代替学员作决策。只有这样，才能真正体现体验式教学“以学员为主体”的理念，达到让学员自主学习的目标，建立新型的“教”“学”关系。

(2)要注重学员交流技巧的训练。在长久习惯讲授式教学的背景下,学员已经适应信息的单一流向,参与体验活动和分享思考的主动性差异很大,还存在文化和心理上的障碍,难以充分有效地开展深入交流,因此要对学员的交流技巧进行充分辅导和训练。

(3)不追求体验的统一。因为学员的生活经历,知识积累,个性兴趣有着显著的差异,体验因人而异,感受和体会不可能一致,有可能存在片面性,需要借助交流分享,互相丰富和补充。

第六章 模拟式教学

广义上讲,模拟式教学属于体验式教学范畴,在上一章体验式教学中亦有提到。由于模拟式教学在教学实践中应用较为广泛,为此还需对几个主要问题进行介绍。

模拟式教学也叫情景模拟教学。模拟式教学是一种模仿现实工作与生活中情景的教学方法,根据学习目标要求,通过设置特定的场景、人物、事件,让学员进入相关的角色,以现实社会生活中类似的情景为参照物,进行模仿、比较、优化,并通过反复演练,以求得理论的升华和能力的提高。模拟式教学情景所涵盖的外延具有很大的开放性和包容性,促使学员在分析解决问题时可以把以前所学知识和技能尽可能多地综合运用于一个具体的问题情景中,从而提高学员用辩证的、发展的、联系的、全局的眼光分析解决问题的能力。

模拟式教学是提高干部教育培训效果非常有效的方法。这种方法不仅突出操作性、讲究趣味性、注重实效性、兼顾学理性,具有理论和实际高度结合,教师与学员高度投入,学员自我管理经验与模拟情景高度融合的特点,而且使得学员可以看到所作决策在类真实虚拟环节中可能产生的影响,因此成为现代能力培训中最受学员欢迎培训方式之一。

第一节　模拟式教学的特点

一、教学情景强调仿真化

模拟式教学最显著的特点就是模拟情景的仿真化，主要体现在四个方面：

一是教学内容的仿真。教学采用的案例是真实事件的典型化呈现，对社会现象或事件的场景和发展过程进行复原，忠实地反映事件的突出问题和矛盾。相较而言，模拟式教学的案例剧本比案例式教学更为复杂，因为仿真的要求，需要借助更多的辅助工具和人力、物力支撑。

二是教学情景的仿真。模拟式教学根据案例内容创设出相关情景，仿真出复杂情况。真实再现问题处理过程中某些环节，将事件发展过程中的紧张场面、时间或舆论压力等对决策者可能产生干扰的场景因素真实反映出来，增强学员对事件发展过程的感性认识。

三是教学场地的仿真。让学员有身临其境之感，比如某种灾害发生现场仿真，沙盘演练时的沙盘，模拟媒体应对时的发布会现场布设等。

四是参与角色的仿真。让学员在某种情景中进行角色扮演，身负其职去面对和解决问题。亲身体验所扮演角色接受和回应质询的过程，为了提高模拟的真实性，达到最佳效果，也可以邀请现实中的相关利益诉求方参与模拟。

二、教学过程呈现演练化

模拟式教学的过程是以演练的形式呈现出来的，强调将所学理论知识转换为实战能力的演练，如同对实际工作环节的训练。在教学中，学员自始至终是活动的主体，以角色扮演的形式深度参与其中，模拟式教学注重加强活动的互动性和行动力，开启一切可以调动感官功能的手段，促使学员主动思考、观察、分析、探讨、交流，充分运用听、说、学、做、改等一系列学习途径调动学员的各种能力，使其在演练中对知识形成深度记忆，以更有效地指导工作实践。

三、教学目标突出实践性

模拟式教学是“在做中学”的典范，侧重于互动与实践。能够引导学员树立运用知识解决问题的理念，建立“从实践到理论，再由理论回归实践”思维。模拟式教学真实、生动、直观，使某些理论原理更加形象化展现，学员所经历的宝贵实践体验，不仅让他们对工作中可能遇到的问题切身感受，更能够让他们在模拟中深刻领会与感悟理论、概念不再空洞乏味，进而从深层次致力于探询运用理论原理解决工作难题的方法和对策。模拟式教学有利于从纯理论向实践转换，是解决理论知识与实际工作脱节问题的有效途径，有利于对学员实践能力的开发。

第二节　模拟式教学的适用性

模拟式教学比较适合以提高能力为主的干部教育培训，对实战能力要求高的工作亦适合采取模拟式教学。诸如提高决策水平、应急能力、公共关系处置等方面的培训，听证会、拟定政策论证会、新闻发布会、法庭审判等。当然也适合一些技能演练类的培训，包括模拟访谈、模拟法庭、模拟听证、模拟决策等不同场景。具体介绍如下。

一是决策及危机处理能力培训。在一个更加开放和多元的社会中，决策和危机处理能力对于适应行政环境、维护政府形象、实现政府职能是十分必要的。通过对情景模拟中相似材料的分析，有利于干部们树立科学、民主、依法决策和危机意识，了解决策和危机处理程序及有效方法。

二是预测实际问题能力培训。情景模拟的分析材料常常选择现实中的热点、焦点问题，有的是学员曾经碰到过的情景，有的是陌生的材料，通过培训活动，学员在模拟事件发生、开展的各个环节思考分析，有利于发现自己的创新潜能，找出自己能力上的缺欠。

三是岗位工作技能培训。情景模拟是让新手获得岗位工作技能的最正确方法，使学员在角色演练中体会到某些角色（岗位）的地位、作用、处境、工作要领，在情景模拟中很快掌握操作要领和关键技术。

第三节　模拟式教学的实施步骤

一、构思设计

模拟式教学的价值导向是以提升某一工作实战能力为目标,其构思设计一定要从岗位实际需要出发,从提升学员的某一具体能力确定模拟的主体和内容。模拟式教学需要创造活跃交流的课堂氛围,需要调动学员积极参与,因此构思设计非常关键。模拟式教学设计要全面且有预判,将事件处理的一般性原则和各种可能性结合起来,最终形成完备的教学脚本。具体包括典型案例的编写、讨论主题的确定、焦点问题的选择、教学策略的运用、角色分工的指导、模拟场景的设定、合理步骤的安排,明确规则要求和注意事项等方面。

值得一提的是:模拟场景和身份设定不能过于简单和复杂,现实工作情形是否相近,任务的难易程度是否适当都要细致考虑。过于简单,会让学员产生无聊感和可笑感;场景设定过于复杂或者身份设定过高,超出学员经验和专业范围,会使学员产生挫折感和疲惫感,场景和身份设定适当,学员才有真实感和积极性,培训也才能有效果。学员参与要有广泛性,避免参与深度不同而产生分化,有的兴趣浓厚,积极性高,也有的兴趣不高降低自己的可视程度,还有处于中间持观望态度,这种可能占比还较大,对此可以采取无规则点名的方式分配角色,让每个人都不可避免地参与模拟,给每个人展现机会,提升学员的兴趣,使其以高涨的热情积极参与到模拟式教学中。

二、情景准备

模拟式教学的准备工作包括物质准备和知识准备两个方面。

物质准备是对模拟场景的准备，用以形象的展现实际工作场景。包括选择或者布置模拟场地，准备音像设备、动画及相关教学辅助工具等。例如新闻发布会的模拟，需要准备专用的新闻发布会议厅，场景布置需要的背景板、主席台、桌椅、灯光、音响、投影、摄影设备、麦克、台卡等。

知识准备：第一是相关的理论知识。一般在模拟之前的理论教学中要讲授相关的基础理论，提供必要的信息指导，以便在情景模拟中熟练运用基本理论进行准备操作。第二是准备情景模拟的案例及相关背景材料，布置学员阅读，了解事件脉络。第三是向学员介绍模拟式教学，明确模拟式教学的目标及程序。

三、情景模拟

情景模拟是模拟式教学的主体，是模拟教学的实际操作环节，也是检验学员实战能力的环节。教师介绍完基本程序和要求之后，需要完成三个环节的工作：一是按照事先分成的若干模拟小组，组织小组成员开展合作学习，依照事先设计的剧本完成每项任务，在互相配合、互相帮助中共同完成小组目标，包括围绕所提供的案例材料提出相应处置方案；按照模拟的身份，进行适合的角色分工；讨论交流模拟环节、细节及应该注意的事项等。二是正式开展实际演练，按照小组制定的处置方案，学员进入模拟角色，采取具体实施行动。三是模拟过程结束后，组内进行讨论总结，分析不足及原因，提出完善意见。

四、情景评价

模拟教学最后一定要安排点评环节，评价是检验教学效果的重要方式，是模拟式教学的关键，评价既包括经验总结也包括需要改进的方面。评价分几个层次，即学员对自我表现进行评价，小组代表对整组的模拟进行总结，小组之间互评，教师和专家从专业的角度对模拟进行点评，有时还要邀请观众观摩和点评。需要注意的是，教师在总结评价时应坚持表扬、鼓励为主的原则，同时也要实事求是地指出学员在模拟中存在的主要问题，并提出改进建议。点评有利于激发学员认真思考解决问题，加强他们对理论的应用能力。

最后，值得注意的是：开展模拟教学的难点在于要做到形式和内容有机统一，防止流于形式，让形式冲淡内容。有的学员太关注教学活动中活动与游戏本身，而忽视其中的学习与思考。教学的成效和评价体系也值得进一步探讨，正确的干部教育培训评价体系既要考虑知识的更新、能力的提升，还要考虑情感与意志的培养。

第七章　研究式教学

研究式教学，就是所研究的问题在工作中没有现成的办法和答案，需要在培训中经过“教”与“学”双方的共同努力，在理论上进一步提升认识，在工作层面上深入探究，推进问题解决并完成探索的过程。从实施看，研究式教学是根据教学目的和教学内容的需要，通过提出问题，提炼问题，分析查找相关资料，开展调查研究，提出解决方案，比较、评价、选择最终方案等的一系列方法。研究式教学以问题解决为教学载体，训练学员提出问题的能力、辨析相关信息的能力、提出解决方案的思维能力及创新能力、评估及判断力等。

第一节　研究式教学的特点

一、研究性

研究性是研究式教学的基本内涵和根本特征。学员和教师共同参与研究式教学活动，研究课题确立后，教师引导学员发挥主观能动性和创造性，鼓励学员独立探索解决问题的方法和途径，完成研究内容。整个过程中，从课题的确定到问题的解决，研究贯穿始终，学员的主动探索和研究就是教学的主要方式。

二、自主性

自主性是开展研究式教学的必要前提。整个研究过程教师主要起组织、引导和评估作用,学员必须通过独立自主的学习和研究,才能完成课题或者解决问题。从课题的选择到方案的设计、实施、解决以及最后的成果,学员都应自主完成所有过程,从而获得亲身体验。

三、开放性

在研究式教学活动中,学员对所研究的问题,既要收集相关的书面资料,又要深入实际调查研究,经过这些综合分析,学员自己得出结论,而不是听教师在课堂上总结。研究式教学不再局限于课堂和教室,可利用的资源更加多元,所以研究式教学具有时空的开放性,资源的开放性,学员思维的开放性等特征,是一种更加动态的教学方式。

第二节　研究式教学的模式

目前,干部教育培训中普遍采用的研究式教学方式主要有三类:课题研究式、专题研究式、行动学习法。

一、课题研究式

课题研究式教学是一种以研究问题为主要特征的教学方法。在一些培训周期相对较长(通常在1个月以上)的进修类培训班中,课题研究式教学通常被设计成培训的一个重要组成部分，以学员需求为导向，通过课题研究，帮助学员开阔视野，提高研究实际问题的能力，协助学员解决工作实践中遇到的新问题。通常的做法是：在整个培训期间，学员除完成规定的学习任务外，课题小组还要自行安排多次研讨交流活动，就本组课题展开研究。培训方给予一定的指导和支持，例如教师的专题辅导，外出调研的安排，外聘专家的指导以及相应的时间保障。在培训结束时，小组以研究报告等形式的研究成果进行交流汇报，经过一定的评估鉴定，研究过程及成果作为学员参训的一项考核指标。

二、专题研究式

专题研究培训班以组织需求为导向，就工作中的重要问题或尚未很好解决的问题以集中培训的形式进行课题研究，通过培训推动工作。与课题研究式相比，专题研究班的课题研究也具有研究式教学的本质特征，但同时又具有自己的教学特点。专题研究班的课题研究以组织需求为目标，强调必须对培训专题作出针对性调研报告。其特征为：一是更多地体现组织需求；二是采取问题与对策的研究形式；三是课题组集中编写一个研究报告。

三、行动学习法

如果说课题研究和专题研究都是在培训中组织控制严密的活动过程，行动学习则是充分发挥学员自主性的一种课题研究活动。美国培训认证协会（AACTP）定义：行动学习是一个团队在解决实际问题中边干边学的组织发展技术及流程。

行动学习过程中，学员围绕工作中遇到的实际问题，学习解决问题所需要的知识，反思自己的经验，并与其他学员交流学习，形成创造性解决实际问题的方案，并在实践中付诸行动。因此，行动学习法是学习知识、分享经验、创造性解决问题和实际行动四位一体的方法。

一些大型跨国企业如西门子等都把行动学习法作为其内部管理培训的一个有效组成部分，在组织一次集中培训之后，把学员分成若干小组，在教师的指导下，学员回到自己的工作岗位，在工作中观察和思考，利用业务时间聚在一起研究各自的问题，在互相帮助中解决问题，学习提高。

1998 年，中组部培训中心将行动学习法引进我国公务员培训领域，进行了积极的研究和探索。中组部培训中心以国际合作项目为依托，采用国内研究和国外学习相结合的形式，先后在甘肃、青海、四川、内蒙古、广西等西部省（自治区）推广实践行动学习法，解决了包括环境保护、生态旅游开发、区域经济发展等一系列难题，有效地推动了这些省（自治区）的经济建设和改革发展。之后，我国的部分大型国有企业也开始采用行动学习法进行组织变革和学习型组织的建设。

行动学习法的突出特点是实践性更强，更注重解决问题的导向，学员自觉参与的意识更强，培训效果更明显。但也有持续时间长，组织难度大等困难。另外，过程推进和催化技巧的欠缺也是制约行动学习更多开展的原因。

第三节　研究式教学的教学流程

一、课题研究式的教学流程

课题研究式教学程序可以分为六个阶段，即设计研究课题、按课题分组、教学与自学、师生调研、研讨和拟订提纲、组织课题验收、结项上报成果。

第一阶段：设计研究课题，研究课题主要来自学员在岗位上遇到的热点和难点问题。有的培训机构在下发培训通知时就告知学员，请他们提前准备自己在工作中遇到的几个重点问题，学员入学时带着工作中急需解决的课题而来；有的则提供基本方向，通过设计半封闭型的问卷来调研学员需求。然后，通过统计归纳分析学员反馈的问题，从中筛选出 3 ~ 5 个具有现实意义的共性问题作为研究课题。课题最好是“小而集中”的问题，这样可确保学员在培训期内完成。课题研究内容的设置一定要符合学员特点，要重点考虑学员的工作实际，发挥学员对工作实际需求了解的优势，与教师擅长的理论和技术研究形成互补。

第二阶段：按课题分组，是指按课题需要，根据学员的工作岗位、课题设计阶段个人提交的题目或培训需求等划分研究小组，课题主持人由学员担任。分组后，责任教师协助主持人工作，参与组织研究的全过程。

第三阶段：教学与自学，是指教师在事先做了充分准备的基础上，将自己研究的成果和掌握的前沿性理论、最新信息介绍给学员,指导学员做课题。在此期间,学员可利用课余时间搜集和阅读材料。

第四阶段:师生调研,在课题组阅读了大量资料、听教师介绍课题信息,并有了一定的积累和对课题有了一定认识之后,带着问题到现实生活中进行有针对性的调研。调查选点由课题组根据课题需要,本着节约经费和提高效能的原则,提出调研方案,经培训方或组织部门批准后,进行调研。

第五阶段:研讨和拟订提纲,是指在调研和大量阅读资料及听讲的基础上,进行信息交流、观点碰撞、产生新思路,在此基础上拟订提纲,分工写作。

第六阶段:组织课题验收,课题验收可采取论证报告、答辩的形式进行,对照课题研究任务和要求对研究成果进行验收。一方面验收研究成果;另一方面达到互相交流研究成果的目的,同时也为下一步持续研究奠定基础。

第七阶段:结项上报成果,学员在结束培训之前,将研究成果上报有关部门,为相关部门提供参考和信息服务,课题结果同时也是考核学员的学习成果。

二、专题研究式的教学流程

专题研究式教学与课题研究式教学的流程非常相似,但也有不同之处,主要体现在以下四个方面。

一是课题来源不同。专题研究式的课题主要来源于组织需求,它反映组织部门培训的目的和要求,标准就是工作急需。设计专题研究班的研究课题需要培训机构了解中心工作和大局，根据实际工作需要和经济社会发展提出研究课题，经过研究和论证，并且与实际工作部门进行很好的沟通，取得信任，使得实际工作部门敢于放手把重要的题目拿到培训班开展研究。

二是学习和研究的关系不同。专题研究式培训班不是一般意义的专题培训班，它重在研究，成果体现在工作推进，而不是参训干部的认识与能力的提升（这种提升可能会有，但应当看作是专题研究的副产品）。知识补充是需要的，但是一定要与所研究的主题相关，而不是一般意义上的“强素质、打基础”。因此，专题研究的培训课程必须紧紧围绕研究专题展开，课程设置和研究进度也必须紧密结合。专题研究培训的时间相对较短，教学研讨活动密集，需要培训机构更加巧妙地设计课程、合理安排研讨进度，确保学员在每次研讨前，已经从培训课程中获得了该研究阶段的相关前沿性理论和知识。

三是研究过程的设计和推进更加重要。专题研究班要在短时间内完成课题研究任务，研究过程的设计和推进就显得尤为重要，其中入题、破题、探因、碰撞、汇集、突破等各个环节必须环环相扣，将研究过程不断推向高潮。指导教师要根据课题实施计划定期掌握研究进展情况，进行进程管理。根据进展情况，如果滞后于计划，应与学员讨论，查找问题，及时提出调整方案；如果进展提前于计划，在保证研究质量的前提下，可继续进行，也可征求研究小组意见，是否需要调整研究深度，确保研究按计划顺利实施。

四是对成果转化的要求不同。专题研究式教学可以说是将课题研究式教学方法应用于专题建设中，专题建设用于教学活动的最根本目的是解决现实问题。从另一个角度讲，课题来源于组织需要，只要研究中能够解决哪怕微不足道的问题，应用到专题工作中后，可以小范围试用于解决实际问题，就确实做到了工作出题目、研究作答案、成果进课堂的良性循环，促成和加速成果转化。

三、行动学习法的教学流程

中组部培训中心和国家行政学院在实践中结合我国国情对行动学习法进行了改造，并在中高级公务员的培训中成功试用行动学习法，积累了丰富的经验，探索出一些适合我国干部培训的特殊做法。其模式包括以下基本环节。

第一步，成立行动学习小组，每组学员6～10人。

第二步，小组成员聚焦提出希望解决的工作难题。

第三步，围绕难题学习必要的知识，开展讨论，剖析原因，提出对策，得到推动问题解决的阶段性行动方案。

第四步，小组成员回到工作岗位进行实际应用，检验其成效，发现新的问题，收集新的资料。

第五步，小组成员再次回到小组集中学习研讨，大家共同反思和学习，及时补充所需知识，讨论解决行动过程中遇到的问题，继续研究下一阶段的行动方案。然后再回到实践中去，并定期集中学习研讨，如此根据需要重复多次第四步和第五步，持续滚动地研究和推进问题解决。

第六步，汇报行动学习成果。一次行动学习的时间大约是几个月到一年,在这一过程中,每个人工作中的问题得以解决,组织得到发展,个人解决问题的能力和人际交往的技巧也能得到提高。但也因为时间线拉得太长,行动学习法的应用必须得到培训委托方的大力支持才可持续。因此,行动学习法在各大培训院校的应用还不是特别广泛。

附　　录

案例一　交通突发事件媒体发布会

一、培训目的

(一)提升领导干部的突发事件处置应对能力

在各类安全生产事故当中,交通运输事故发生频次是较高的。自 2013 年 10 月,国务院办公厅印发"突发事件应急预案管理办法"后,各级政府、单位也都陆续编制了相应的突发事件应急预案。但在现实中,预案制定后往往被束之高阁,应急预案应不了急,"临场打乱仗"的情况并不鲜见。部分领导干部仍然抱有侥幸心理,认为安全突发事件概率极低,事件突发时往往处置不善,应对失据、失矩,利用媒体效益低下,甚至因为一些失当、失误导致个人和单位形象受损,各方面工作受到干扰和冲击。

"交通突发事件媒体发布会"的模拟教学,首先就是要考验学员应对突发事件的处置能力。通过案例真实再现事件突发后当地政府应对处置的全过程,学员在小组讨论中总结反思政府决策的得当和不当之处,制定更加科学合理的处理方案，通过桌面推演，进一步提升领导干部应对突发事件的处置能力。

（二）提升领导干部的媒体应对能力

我国社会发展已全面进入信息化时代。一方面，政府可以广泛收集民情，并应用媒体发声，坚持正确的舆论导向；另一方面，互联网的广泛使用，带来民意表达的便捷性、随意性，一旦碰到某些容易触发网民消极情绪的敏感新闻，大量网民很容易通过新闻跟帖、视频评论等形式宣泄情绪，在一定程度上导致舆论危机。重大交通事故更是网民参与度较高的新闻类型，而媒体应对能力不足是地方交通主管部门领导干部在突发事件处置中比较突出的薄弱环节。

组织"交通突发事件媒体发布会"的模拟教学，就是要让学员学会"迎"对时代变化和挑战，敢于及时发声，善于引导舆论，让公众从正规渠道了解事态发展，而不是等到谣言四起后，在互联网的舆论漩涡中泥足深陷。

二、设计思路

"交通突发事件媒体发布会"情景模拟案例以真实发生的交通事故为母本，将学员分成 3 个小组，围绕同一事件举行 3 场媒体发布会，分别对应事态发展的 3 个不同阶段——事故发生当日、事故救援进行中、事故救援结束。在设计模拟方案时，重点关注以下四个方面，以切实提高模拟的实效性。

（一）在课程设置时，将课堂教学与情景模拟相结合

在学员进行情景模拟演练前，培训班邀请知名专家通过

课堂讲授的形式，为学员系统深入地讲解“安全应急”和“媒体应对”的知识。学员们带着对案例的思考来学习相关课程，能充分调动学员课堂上下与老师交流探讨的积极性，同时，也为学员们的前期准备工作提供了指导和帮助。

(二)在案例设计时，将应急管理与媒体应对相结合

教学案例脱胎于真实发生的交通安全事故：一辆满载烟花爆竹的大型载货汽车在高架桥上发生爆炸，引起桥梁坍塌，大型载货汽车连同几辆小汽车坠落桥下，造成多人伤亡和河水污染。案例用不到 1000 字精炼说明了事件发生的大体情况，并将时间划分为事故发生当日、事故救援进行中、事故救援结束 3 个节点，对应设置了 3 个模拟场景。

为了更细腻地展现事态发展的全貌，教案后附加了一些媒体报道。从网上搜到关于这一事故的各类媒体报道近 200 篇。将这些报道按照时间线、媒体性质、关注重点逐一进行分类梳理，从中选出 20 余篇报道进行二次加工提炼，分别归入 3 个阶段的“新闻链接”和“回音壁”中，“新闻链接”主要为官方报道，而“回音壁”则体现媒体立场和舆论反应。

学员可以从这些新闻报道中看出在事故救援过程中，当地政府的应急处置和媒体应对的得失，以及相对应的舆情发展脉络。案例涵盖了同类事故中的“现场救援”“拥堵疏导”“施工质量”“安全监管”“危货运输”“伤者救治”“环境污染”“伤亡赔偿”“责任追究”等多个要素。通过将突发事件应急处置和媒体应对有机结合，帮助学员跳出应急看应急，从公众角度理解应急过程中的轻重缓急。

(三)在教学过程中,将桌面推演与角色扮演相结合

为使学员们深入到案例中,每个学员都需要在情景模拟中扮演不同的角色。每个小组分别推选6名学员模拟新闻发言人,其中1名担任主持人,1名担任首席新闻官,4名担任一般新闻发言人(根据新闻发布的需要代表市级相关部门负责人或其他身份),其他人模拟媒体记者。

通过角色扮演,学员们根据情景需要,首先被赋予了"市宣传部部长""市交通局局长""市卫生局局长""市公安局局长"等相关角色,学员们带着角色进行桌面推演,共同研究制定该阶段的应急处置方案和媒体沟通策略。带着角色的岗位职责进行推演,可以避免学员在讨论时思维过度发散,不能聚焦,同时也能赋予学员责任感,提高参与的积极性。

(四)在现场模拟时,将专家点评和专业媒体发问相结合

为了增强情景模拟的真实性,模拟现场在布置时要通过灯光效果等来烘托媒体发布会的氛围感。同时,为提高演练的实战性,还可以邀请多位真实记者到场提问。面对专业记者,台上的"新闻发言人"们亲身感受媒体人的发问角度、关注点和话术技巧,更有身临其境的感觉。

为了避免"自娱自乐",媒体发布会的模拟现场还可以邀请交通安全管理专家和媒体应对实战专家为学员们作压轴点评,对学员们的演练给出专业指导。记者们也可根据多年的从业经验,从媒体人的角度对学员们的表现进行点评,并给予媒体沟通技巧方面的指导。

三、实施步骤

(一) 前期准备

1. 导入

入学前,将案例文本发给学员,使其提前熟悉案例内容。入学后,在教学导读环节即对模拟教学的实施流程进行说明,使学员了解模拟教学的培训目的、具体任务和进度安排。

2. 分组讨论

将学员分成3个小组,每组不超过10人。学员们必须认真研究案例,完成以下任务:①根据情景需要确定各自扮演的角色。②进行桌面推演,一方面要掌握该阶段应急处置的各项工作,预判舆情关注点,统一回答问题的口径,完成新闻发言稿的撰写,另一方面要从媒体角度研究其他两个小组模拟阶段的应急处置进程和矛盾冲突点,为新闻发布会的媒体提问环节做准备。

(二) 现场模拟

1. 各小组模拟发布会

全班分为3个小组,分别就同一事件发展的不同阶段进行信息发布和媒体应答。

(1) 发布新闻:模拟小组的6名新闻发言人到主席台上模拟新闻发布。主持人在就座后介绍台上各位新闻发言人的身份,负责掌握时间和节奏。首席新闻官负责通报相关情况。

(2) 答记者问:真实记者和学员模拟记者进行现场提问。每组对其他两个组至少各提2个问题;每个新闻发言人至少回答2次提问。

2. 现场点评

(1)学员互相点评:3个小组的模拟发布会全部结束后，学员可互相点评。

(2)专业记者点评。

(3)交通安全管理专家和媒体应对实战专家点评。

(4)教师小结:教师对模拟教学进行回顾和总结。

案例二　出租汽车改革行政决策会

一、培训目的

《中共中央关于全面推进依法治国若干重大问题的决定》要求健全依法决策机制，把公众参与、专家论证、风险评估、合法性审查、集体讨论决定确定为重大行政决策法定程序。国务院《全面推进依法行政实施纲要》更明确提出:“实行依法决策、科学决策、民主决策。”“社会涉及面广、与人民群众利益密切相关的决策事项，应当向社会公布，或者通过举行座谈会、听证会、论证会等形式广泛听取意见。重大行政决策在决策过程中要进行合法性论证。”“公众参与式”决策已成大势所趋，举行座谈会、听证会、论证会等形式广泛听取意见，是行政决策中“公众参与”的主要方式。“出租汽车改革”具体决策是地方事权，也是公众关注的热点问题，开展“出租汽车改革行政决策论证会”的模拟式教学，就是要提高行政决策的领导干部“与公众打交道”的能力,“直面决策矛盾”的勇气,“把控听证会、论证会”的能力,并为学员解决本地出租汽车深化改革健康发展打开思路。

二、设计思路

通过“出租汽车改革行政决策”的情景模拟和角色扮演,将研究式、案例式、模拟式、体验式等教学方法融为一体,指导党政领导干部在新时期如何把控听证会和论证会。

(一)模拟情景

“出租汽车改革行政决策”模拟的情景是为北京市制定《关于进一步深化改革推进出租汽车行业健康发展的意见》征求公众意见。模拟教学分两步走,首先模拟召开出租汽车改革“听取公众意见会”,学员根据收集的公众意见,研究确定改革方案后,再模拟举行出租汽车改革“拟定政策论证会”。两次模拟前后相隔需两至三天。

1. 模拟行政决策程序中的“听取公众意见会”

模拟小组成员根据辅导材料——《北京市出租汽车发展概况及有关依据》,深入研究北京市出租汽车行业发展相关情况,研究起草《北京市关于进一步深化改革推进出租汽车行业健康发展意见》出台背景、改革必要性、指导思想、基本原则、拟改革的主要问题。全班分成两组先后进行第一场模拟,听取社会各界意见。

2. 模拟行政决策程序中的“拟定政策论证会”

模拟小组成员梳理公众提出的意见,结合辅导材料研究出租汽车管理相关政策，拟定《北京市关于进一步深化改革推进出租汽车行业健康发展的意见》，制定辩论提纲。两个小组进行第二场模拟，将拟定的《北京市关于进一步深化改革推进出租汽车行业健康发展的意见》要点与社会各界交换意见。

（二）角色扮演

“出租汽车改革行政决策”是选取行政决策程序中的“公众参与”环节进行模拟，参与的角色较多。全班分成 2 个小组，每组不超过 15 人。小组成员分别扮演以下角色：

（1）市政府新闻办公室主任，担任主持人。

（2）分管交通运输的副市长。

（3）交通运输委员会主任。

（4）发展改革委员会副主任（分管价格）。

（5）公安局副局长。

（6）出租汽车公司负责人。

（7）汽车租赁公司负责人。

（8）出租汽车驾驶员。

（9）专车驾驶员。

（10）乘客。

（11）软件公司负责人。

（12）媒体代表。

（13）出租汽车协会负责人。

（14）汽车租赁协会负责人。

其中，（1）～（5）为政府决策人员，（6）～（14）为社会公众代表。为增强模拟的实战性,社会公众代表可邀请部分“真人”参加模拟。

三、实施步骤

(一)模拟场景1:听取公众意见会

1. 前期准备

(1)明确角色扮演。全班分成2个小组,每组14~15人。小组成员明确各自所扮演的角色。

(2)熟悉资料和实情。参考资料《北京市出租汽车发展概况及有关依据》《出租汽车有关政策法规汇编》。

(3)准备会议发言稿。

政府决策人员:起草《北京市关于进一步深化改革推进出租汽车行业健康发展意见》的出台背景、改革必要性、指导思想、基本原则、拟改革的主要问题。

社会公众代表:小组成员必须全部参与会议前期决策研究的全过程,从各自角色提出希望政府改革的诉求内容。

2. 现场模拟

两小组先后模拟“听取公众意见会”,基本流程如下:

(1)主持人宣布听取公众意见会开始,介绍会议参加人员,宣读会议议程和发言规则。

(2)副市长报告改革必要性、指导思想、基本原则。

(3)交通运输委员会主任介绍拟改革的主要问题。

(4)公众依次发表意见。政府决策人员必须认真记录公众发言和意见,为决策研究提供参考。

(5)总结“听取公众意见会”,分管交通的副市长、交通运输委员会主任、市发展改革委员会副主任、市公安局副局长总结各方诉求,确定改革的主要内容。

(6)宣布会议结束。

(二)模拟场景2:拟定政策论证会

1.前期准备

两个小组的成员和各成员扮演的角色不变。

(1)总结“听取公众意见会”收集的公众意见;按照采纳、不采纳、暂不具备条件改革三类进行梳理,确定改革的主要内容。

(2)拟定《北京市关于进一步深化改革推进出租汽车行业健康发展的意见(草稿)》。

(3)制定辩论提纲。

(4)扮演社会公众代表的学员从各自扮演角色准备公众发言内容。

2.现场模拟

(1)两小组先后模拟“拟定政策论证会”。

①主持人宣布政策论证会开始,介绍会议参加人员,宣读会议议程和发言规则。

②副市长对上次听取公众意见会情况进行总结评价。

③交通运输委员会主任宣读《北京市关于进一步深化改革推进出租汽车行业健康发展的意见(草稿)》要点。

④发展改革委员会副主任补充。

⑤公安局副局长补充。

⑥公众依次发表意见,政府决策人员依次进行回应。

⑦副市长作简短总结。

⑧宣布会议结束。

(2)专家点评。

①邀请媒体记者对学员扮演角色进行点评。

②邀请来自北京交通委员会专家进行点评。

③邀请出租汽车管理专家对各小组拟定的《北京市关于进一步深化改革推进出租汽车行业健康发展的意见》进行点评。

案例三　交通热点事件访谈

一、培训目的

近年来,我国交通运输行业迅猛发展,成就斐然。但同时也不可忽视行业发展还存在一些多年未解决的深层次矛盾和问题,也面临着许多新的情况和挑战。行业要发展,问题也无法回避。学员所在的岗位往往决定了其思考问题的角度和范围,每个人的认知不尽相同,没人可以给出标准答案。我国地域发展不平衡,来自不同地区的学员因发展阶段不同,遇到的问题不同,看待问题的角度也有很大差异。面对行业发展中的诸多问题,如何迎难而上,确实考量当代交通人的智慧。

通过开展"交通热点事件访谈",促使学员从不同的视角对自身固有观念进行深入反思,在观点辩论和思想碰撞中,帮助学员厘清对交通运输发展热点问题的认识,启迪新的思路。

同时,学员通过访谈体验,提高自身与新闻媒体的沟通能力,进而提升政府媒体形象。

二、实施步骤

学员根据访谈议题分成若干个小组,每组人数不超过 8 人,其中 2 人扮演“点评嘉宾”,其他人扮演“访谈嘉宾”。

每个小组确定一个访谈议题,学员们根据访谈议题单独作前期准备,搜集相关信息,提炼观点,在模拟访谈前不要互相讨论。

访谈模拟的基本流程为如下。

(1)几个小组依次上台模拟访谈,根据小组数量,每组时间约 30 分钟左右。期间,在主持人授意下,台下学员可与接受访谈的学员提问互动。

(2)每组访谈结束,接受点评嘉宾的点评,并邀请该议题研究领域的行业专家进行点评和指导,点评环节约 15 分钟。

(3)最后,主持人对整场访谈进行综合点评。

三、设计思路

访谈教学的组织形式相对比较简单,组织成功的关键在于访谈议题的设计。访谈内容的设计必须围绕培训主题,立足岗位需求,符合当下热点,突出矛盾焦点,切中行业痛点。

(一)符合当下热点

2017 年,在全国交通运输局长班开展了交通热点事件访谈。其中一个访谈议题为“共享单车:一半天使?一半魔鬼?”共享单车是2017年的热点问题。在资本的推波助澜下,全国各地在交通出行领域掀起了共享经济热,网约车余波未平,共享单车一波又起。2017年刚开年,共享单车市场战火持续升级,争先“跑马圈地”,大有向二线和三线城市快速蔓延之势,人们似乎嗅到了曾经网约车市场厮杀的硝烟味。让交通人意外的是,地方交通主管部门而非城管部门被认定为共享单车治理的责任主体。共享单车已在路上,交通人准备好了吗?显而易见,答案是否定的。

针对共享单车这一新生事物,谁也没有治理经验,既不可一声棒喝扼杀在摇篮里,也不能任由其野蛮生长。议题提供的背景资料从正反两方面提供了共享单车给城市出行带来的便利和问题,以及媒体报道中不同利益主体的意见,并提出让学员们思考的几个问题。对于一个没有标准答案,甚至理念上也是众说纷纭的行业监管难题,访谈是最适合的教学方式之一。通过访谈,学员们能够更加全面地看待问题,预判发展形势,分析解决对策,从重重迷雾中拨云见日。

(二)突出矛盾焦点

2018年,在分管交通的地方政府党政领导干部培训班开展了访谈式教学,五个议题中就有两个议题与农村公路主体责任有关。如此设计的原因是,在调研中发现关于农村公路管养主体责任落实难,基层交通局长的诉求和地方政府领导的认知存在巨大偏差。

一方面是被交通运输局长们“吐槽”的县长。自2010年以来,受交通运输部委托,交通运输部管理干部学院举办了60多期全国交通运输局长培训班，培训学员近7000人次。在每一期局长班的教学研讨环节，“农村公路建管养”都会成为大家关注的热点问题。在县（市）长们不在现场的情况下，交通局局长们发自内心的共鸣“释放”了出来，国务院已经规定了农村公路建管养的责任主体是县（市）级人民政府，责任是非常明确的，但“县人民政府主体责任不落地”。农村公路建养管是“老大难”问题，“老大难”是政府的“老大”“难”。

另一方面是满肚子冤屈的县（市）长。在交通运输部管理干部学院承办的全国县（市）长培训班上，县（市）长们则是另外一种说辞，柴、米、油、盐、酱、醋、茶，哪个事不重要，财政收入就这么多，只能急用先来；农村公路建管养主体责任在县一级政府没有问题，但县级政府的财政状况依然没有摆脱“吃饭”的困境，“责任”和履责能力不匹配。许多地方财力不足，但依靠交通运输局领导的能力，通过争取资金、众筹资金、招商引资等多种方法，不仅解决了农村公路的问题，还替政府分忧解难，因此“不换思想就换人”依然是一条可选之路。

有人认为“老大”难，表面上是难在资金，本质上是难在思想认识，没有真正把农村公路建管养放在心上，写在工作日志上，落到基层，所以首先要真正解决思想认识的问题。这个问题该如何看待呢，农村公路主体责任落地难又当如何破解，在充分调研的基础上，培训班针对不同岗位的学员设计了两个访谈议题。针对副县长的访谈议题是“主体责任：县级人民政府落地难？”针对副市长访谈议题是“层级‘中空’：地级市人民政府农村公路职责‘空置’？”在议题背景资料中，不仅抛出了问题,也提供了行业专家给出的一些建议,留给学员的思考题中也让学员研究这些建议的可行性,提出更好的解决方案。

（三）切中行业痛点

2018年,在打赢交通扶贫脱贫攻坚战专题研究班开展的访谈教学中,设计了一个访谈议题——“钱少:农村公路多米诺骨牌效应之源?”这个议题来自一位在青海省挂职锻炼的交通运输部干部对贫困地区农村公路建养状况的关注。在他的描述中,农村公路因资金短缺引发的连锁反应链条就像多米诺骨牌,中央补助标准低＋地方配套不足→农村公路建设资金紧张→为保证工程实体建安费压缩项目前期(设计、审批、招投标等)和监理费用＋项目利润率低→设计不规范、业主监理代替第三方监理＋高资质企业不愿进入农村公路市场→施工单位水平不高、业主单位监理技术队伍薄弱→工程质量无法有效监督保障→交付后道路易出现病害、无法达到有效使用年限→日常养护成本高、养护经费不足、无法及时有效养护→提前报废重建。多米诺骨牌到此并没有终结,而是进入下一个轮回……

农村公路资金问题是交通脱贫攻坚的难点。发挥交通运输“先行官”作用,首先就要破解资金不足的多米诺骨牌效应。议题背景资料从农村公路“质、量”齐升的发展要求出发,分析农村公路在建设、养护、管理资金筹措方面存在的问题,介绍全国经验探索,比如贵州省的建养一体化模式和浙江省的灾毁保险模式等。学员们带着各自工作中的感受,结合背景资料,研究和思考农村公路资金筹措难,到底难在哪,如何跳出农村公路建养的多米诺骨牌效应,现有的经验是否值得借鉴推广,如何做到因地制宜等问题。对于财政资金短缺,自然资源禀赋较差的地区,一次访谈并不能将问题迎刃而解。但他山之石可以攻玉,贫困地区干部更需要在借鉴他人经验时,进一步拓展思路,激发创造性思维。

参 考 文 献

[1] 毕艳红. 关于干部教育培训教学方法创新的思考[J]. 交通运输部管理干部学院学报,2020(3).

[2] 朱诗柱. 干部教育培训之道[M]. 北京:中共中央党校出版社,2011.

[3] 晓山. 干部教育培训工作二十六讲[M]. 北京:人民出版社,2014.

[4] 朱翊. 试论党校讲授式教学法的创新[J]. 中共太原市委党校学报,2013(3).

[5] 张丽娜. 以结构化研讨提升集体决策效率[J]. 重庆行政,2016(4).

[6] 林梅芬. “世界咖啡馆会谈教学方法”应用探讨[J]. 湖南工业职业技术学院学报,2017(6).

[7] 姚巧华. 团队列名法:领导干部培训方法的创新[J]. 中共郑州市委党校学报,2013(6).

[8] 丁娜,吴涛. 如何增强结构化研讨方法在行业干部教育培训项目中的有效性[J]. 国家林业局管理干部学院学报,2015(4).

[9] 王粉,敖佳勇. 浅谈案例教学法以及在教学设计中的应用[J]. 文存阅刊,2018(5).

[10] 伏建琛. 教学案例的内涵与应用意义[J]. 文学教育,

2019(2).

[11] 卢锋. 体验式教学在红色资源教育中的应用研究[J]. 中共珠海市委党校珠海市行政学院学报, 2016(2).

[12] 张素玲. 体验式教学及其在我国干部教育培训中的运用[J]. 中国成人教育,2010(21).

[13] 刘小毛. 体验式教学在干部教育培训中的应用研究[J]. 中国井冈山干部学院学报,2008(5).

[14] 马仙玉. 情景模拟教学在党校干部教育培训中的应用—以《应急状态下的媒体沟通》专题课为例[J]. 福州党校学报, 2012(3) .

[15] 陈燕楠. 干部培训中的研究式教学[J]. 中国浦东干部学院学报, 2011(6).

[16] 董明发. 行动学习法在公务员培训中的应用—澳门特区政府高级公务员公共决策行动学习项目案例分析[J]. 中国浦东干部学院学报,2016(1) .